혼자 남은
밤, 당신 곁의
책

혼자 남은 밤,
당신 곁의 책

ⓒ 표정훈, 2019

초판 1쇄 발행 2019년 4월 28일
초판 3쇄 발행 2019년 6월 25일

지은이   표정훈
펴낸이   이상훈
편집인   김수영
본부장   정진항
기획편집   오혜영 김단희 허유진
마케팅   조재성 천용호 박신영 조은별 노유리
경영지원   이해돈 정혜진 이송이

펴낸 곳   한겨레출판(주) www.hanibook.co.kr
등록   2006년 1월 4일 제313-2006-00003호
주소   서울시 마포구 창전로 70(신수동) 화수목빌딩 5층
전화   02-6383-1602~3 팩스 02-6383-1610
대표메일   happylife@hanibook.co.kr

ISBN 979-11-6040-249-0 03800

혼자 남은
밤, 당신 곁의
책

탐서주의자
표정훈,
그림 속 책을
탐하다

한겨레출판

"내 이 세상 도처에서
쉴 곳을 찾아보았으되 마침내 찾아낸,
책이 있는 구석방보다 나은 곳은 없더라."
- 토마스 아 켐피스 -

밤이다.
구석방에 홀로 있다.
그런 당신 곁에 책이 있다.
혼자이되 외롭지 않으리라.

책을 보고 그림을 읽다

책이 묘사된 그림이 적지 않다. 책 읽는 모습을 담은 그림도 많은 편이다. 동서고금에 걸쳐 그러하다. 그러니 한 번 이런 궁금증을 품어봄 직하지 않은가? '그림 속 저 책은 무슨 책일까?' 무슨 책인지 알려진 그림도 있지만 매우 드물다. 이 책의 출발은 바로 그런 궁금증이었다. 도대체 무슨 책일까?

한 번 상상해보자. 내가 화가의 모델이 된다. 책 읽는 또는 책을 쥔 포즈를 취해야 한다. 어떤 책을 읽거나 쥘 것인가? 바로 지금 눈에 들어오는 아무 책이나 집어 들게 될까? 아니면 어떤 책을 들고 포즈를 취할 것인지 제법 고민하게 될까? 뭐 그도 저도 아니면 화가가 가져온 책을 그냥 들게 될까? 또는 내가 책에 몰두해 있는 순간을 화가가 포착하게 될까?

이런 질문들을 기틀 삼아 책의 정체를 어림잡아보았다. 물론 근거가 분명한 확증이 아니다. 정황에 따른 추정이자 때로는 자유로운 상상이다. 그림 속 책과 독서는 그림이 그려진 시기 책·독서·출판 문화를 반영하기 마련이다. 그 반영의 연결 고리를 추정하여 상상해본 것이다. 독자 여러분도 상상해보시길. 도대체 무슨 책일까?

책의 황혼, 책의 종언을 말하는 목소리가 높다. 전통적인 종이책 대신 전자매체가 득세한 지 이미 오래다. 디지털·온라인·모바일 시대다. 그래서일까? 책이 녹아든 풍경, 책 읽는 장면은 오늘날 빠르게 드물어져 간다. 책과 독서의 풍경은 급기야 추억의 풍경, 기억 속 장면이 되어버리지 않을까도 싶다. 이 책은 그러한 풍경과 장면의 작은 역사이자 그림에 대한 나의 '제멋대로 생각'이기도 하다.

글의 형식도 그림에서 내가 받은 느낌에 따라 다르게 취하였다. 그림에 깃들어 있을 법한 가상의 이야기를 상상해보기도 했다. 화가와 모델의 대화나 그림 속 인물들 사이 대화를 떠올려보기도 하였다. 그림 속 알려지지 않은 인물의 삶의 한 자락을 재구성해본 것도 있다. 그렇게 '상상의 놀이'를 즐기는 것이 즐거웠다. 그 즐거움이 독자의 몫이 되기를 조심스레 바란다.

책은 읽는 것이지만 '책 본다'라고 말하기도 한다. 그림은 보는 것이지만 '그림을 읽는다'라고 할 때도 있다. 책과 그림은 읽기도 하고 보기도 하는 '텍스트'라는 점에서 둘은 뜻밖의 친구다. 그림 속 책의 정체를 읽어내려 함으로써 그 두 친구의 오래된 각별한 우정을 기리고 싶었다.

나는 책을 쓰지 않았다. 사실 책은 쓸 수 없다. 다만 쓸 수 있는 것은 글이다. 책은 편집자가 만드는 것이다. 편집자는 글을 책으로 새롭게 탄생시킨다. 그 탄생을 이끌어주신 오혜영 님과 김단희 님께 깊이 감사드린다. 나는 이런 종류의 글에서 가족을 거명하는 저자가 유난스럽다고 여겨왔다. 그 유난스러움을 무릅써본다. 미경, 성준, 현진에게 고마움을 전하며.

표정훈

2부 • 그녀만의 방

3부 • 삶과 사랑 그리고 예술

4부 • 자유의 주체자들

5부 • 책, 삶이 되다

고독은 부드럽다

　　나치 독일이 오스트리아를 병합했다. 영국 수상 체임벌린이 주도한 뮌헨 협정은, 독일이 체코슬로바키아의 주데텐란트를 병합하는 것을 승인했다. 스페인 내전에서는 반정부군이 인민전선 공화국 정부군을 몰아붙였다. 전 세계 자원병들로 이뤄진 국제 여단에서 작가 조지 오웰이 반정부군에 맞서 싸웠다. 아시아에서는 일본이 압도적인 군사력으로 중국 각지를 점령해나갔다.

　　《대지》의 작가 펄 벅이 노벨문학상을 수상했다. 서른셋의 장 폴 사르트르는 소설《구토》를 발표했다. 윤동주는 연희전문학교에서 시〈새로운 길〉을 썼다. "내를 건너서 숲으로/ 고개를 넘어서 마을로/ 어제도 가고 오늘도 갈/ 나의 길 새로운 길…." 프랭크 캐프라 감독의 멜로 코미디 영화 〈우리들의 낙원〉이 아카데미상 최우수감독상과 최우수작품상을 수상했다.

제2차 세계대전 발발 한 해 전, 1938년이다. 제1차 세계대전이 끝난 1919년부터 제2차 세계대전이 발발한 1939년까지, 전쟁과 전쟁 사이 전간기(戰間期)가 끝나가고 있었다. '새로운 길'도 '우리들의 낙원'도 보이지 않는 불안과 전쟁의 기운이 감도는 해였다. 그해 4월 미국 뉴욕에서 버몬트 주 벌링턴행 열차에 탄 여인이 있다. 여인의 이름을 캐서린이라 해두자. 뉴욕은 캐서린에게 낯설지 않은 곳이다. 고향 버몬트를 떠나 맨해튼의 쿠퍼유니온대학 야간 과정을 다닌 적이 있기 때문이다.

여행의 목적은 일종의 비즈니스다. 캐서린의 집안은 버몬트 주 사우스로열턴의 농장에서 생산한 우유를 뉴욕의 공급업자에게 납품해왔다. 일주일 전 업자는 납품을 받지 않겠다는 통보를 해왔다. 업자의 처지는 이해할 수 있다. 대공황의 파국은 뉴딜정책으로 어느 정도 극복했다고 하지만, 1938년부터 산업 생산지수가 빠르게 떨어지고 다시 실업자가 양산되기 시작했다. 사람들은 우유를 사먹기도 벅차다.

293호 열차 C칸

에드워드 호퍼, 1938년, 캔버스에 오일,

50.8×45.72cm, Private Collection

캐서린은 지금까지 납품하던 양의 절반이라도, 아니 4분의 1이라도 유지해달라는 제안, 아니 호소를 하러 뉴욕으로 향했다.

결과는 예상대로다. 당분간 어렵다는 거절. 집으로 돌아오는 캐서린의 마음이 무겁다. 창밖 풍경도 눈에 잘 들어오지 않는다. 캐서린이 탄 C칸에는 승객이 별로 없다. 옆자리와 앞자리에도 없다. 다행이다. 누군가 말을 걸어오기라도 하면 귀찮을 게 분명하기 때문이다. 더구나 고향 사람을 만나기라도 하면.

사실 독서는 철도 여행이 시작된 초기부터 필수 요소이자, 원하지 않는 대화를 피하는 수단이었다. 출판사들은 이런 수요에 빠르게 부응했다. 고전과 현대 작품을 가리지 않고 싼값의 책을 내놓았던 것. 문고본 탄생의 배경으로 철도가 거론되는 이유다. 19세기 초중반 장거리 여행 수단은 마차에서 철도로 빠르게 바뀌어갔다. 장거리 마차 여행에서는 같이 탄 사람들과 대화하며 교류하기가 쉽지만, 철도 여행에서는 정차 역에서 승객이 빠르게 교대된다. 속도가 빠른 기차에서 창밖 풍경은 파노라마처럼 순식간에 지나가지만, 마차 승객은 풍경과 일체감을 느낄 수 있었다. 이런 상황에서 기차 승객은 뭘 하는 게 좋을까? 역시 독서다.

풍경에도, 사람에게도 눈길을 주기 싫은 캐서린은 우유 공급업자를 만난 것 외엔 유일하게 뉴욕에서 들른 곳, 스트랜드 서점에서 산 〈스크라이브너 매거진〉을 펼쳐본다. 20세기 초 시어도어 루스벨트 대통령이 기고를 하면서 판매 부수가 크게 뛰어올랐던 잡지, 제1차 세계대전 때 전성기를 누리고 30년대 들어와 조금씩 쇠퇴하는 잡지. 진작부터 삽화가 무척 많았고 1932년부터 판형을 크게 키웠지만 한 번 시작된 내리막길을 벗어나기는 어려워 보인다.

　　캐서린은 이 잡지의 성쇠가 마치 자신 같다고 느낀다. 루스벨트가 취임한 1901년에 태어나 전쟁이 끝날 무렵부터 쿠퍼유니온에서 공부하던 젊은 날까지, 아주 먼 옛날만 같다. 캐서린이 산 것은 1934년 4월호. 표지에서 ‘F. Scott Fitzgerald’라는 이름을 보았기 때문이다. 쿠퍼유니온에서 공부를 마치고 뉴욕에서 일자리를 구하려 애쓰던 시절 《위대한 개츠비》를 읽게 된 것은 우연이었다.
　　“《위대한 개츠비》를 읽고 나면 피츠제럴드가 오늘날 위대한 미국 작가 가운데 한 사람이 아님을 확신하게 된다.” “F. 스콧 피츠제럴드가 작가로 불려야 할 이유가 별로 없다.” 이런 혹평을 접했지만 또 이런 평가도 접했다. “작가의 내면에는 아름다움과 부드러움이 있다.” “농도가 매우 진하다.

등장인물들은 희석되지 않은 산성 원액이나 마찬가지다."

'아름다움과 부드러움', 이 말에 끌려 읽은 소설이다. 이후 잊고 있었던 그 작가의 이름과 함께 그의 새로운 작품 《밤은 부드러워라》를 〈스크라이브너 매거진〉에서 발견했다. 1934년 1월부터 연재를 시작했으니 마지막 4회분이 실린 잡지를 산 것이다. 캐서린은 작품의 제목을 언젠가 접한 듯도 싶다. 그렇다. 존 키츠의 시 〈나이팅게일에 부치는 노래〉에 나오는 구절 아닌가. "벌써 그대와 함께 있노라! 부드러운 밤이여(Already with thee! tender is the night)."

캐서린은 줄거리에 집중하기 어렵다. 1~3회분을 읽지 않은 탓도 있지만 여전히 마음이 무거운 탓도 있다. 줄거리보다 그저 문장 하나하나가 따로 들어올 뿐이다. 사랑? 캐서린에겐 너무 먼 예전 일이다. 익숙해진 외로움, 흐릿하게 살아가는 삶.

"몸과 정신이 홀로 있으면 외로움이 생겨나고, 외로움은 더 큰 외로움을 낳는다."

"거의 평생 처음으로 그녀는 그가 안쓰러웠다. 정신이 아팠던 사람이 건강한 사람에게 안쓰러움을 느끼기는 어려운 일인데도."

"딕은 늘 주변을 분명하게 의식하는 반면, 콜리스 클

레이는 흐릿하게 살아갔다."●

캐서린의 이웃 농장에 화가 에드워드 호퍼가 머물고 있었다. 1937년과 1938년 호퍼는 버몬트 주 사우스로열턴의 농장에서 긴 시간을 보내며 풍경화 작품들을 많이 그렸다. 호퍼는 주위 사람들과 교류하는 성격이 아니었다. 1940년대 말부터 신체적으로나 정신적으로 활력을 잃기 시작한 호퍼는 이렇게 말했다. "그림을 더 그릴 수 있으면 좋겠다. 읽다가 지치면 영화를 보러 간다." 자동차 타고 가끔 여행을 가는 것 말고는, 책 읽고 영화를 보며 그림 그리는 것이 생활의 전부였다. 1953년 잡지 〈리얼리티〉에 기고한 글에서 호퍼가 말한다.

위대한 예술은 예술가의 내적 삶의 외부로의 표현이다. 이 내적 삶은 세계에 대한 작가의 개인적 시각, 관점의 결과다. 인간의 내적 삶은 광대하고 다채로운 영역이다. 그것은 색, 형태, 디자인의 자극적 배치에만 관심을 쏟지 않는다.

도시와 열차 안 풍경을 그리되 고독한 풍경을 그렸던 호퍼. 여러 사람이 등장하는 그림에서조차 각 사람은 각자의 내적 삶을 살고 있다. 그런 호퍼가 이웃 농장의 캐서린과 만나 그녀의 짧은 뉴욕 여행에 관해, 또 여행 중 기차 안에서 읽은 〈스크라이브너 매거진〉이나 《밤은 부드러워라》에 관해 얘기 나눴을 가능성은 없어 보인다. 다만, 뉴욕에서 돌아와 어둠이 내린 길을 걸어 집으로 향하는 캐서린의 모습을 멀리서 잠깐 보았을까?

- 《밤은 부드러워라》, 프랜시스 스콧 피츠제럴드 지음, 정영목 옮김, 문학동네, 2018.

호모 비블리쿠스, 서인종의 탄생

　　무던히도 책을 좋아하는 B가 있었다. 책 읽기도 좋아했으나 그보다는 책 그 자체를 아끼고 사랑한 이였다. 사람들을 만나면 책 이야기만 했다. 이야기는 책 내용일 때도 가끔 있었지만 책의 냄새, 색깔, 종이의 감촉, 디자인, 무게감, 크기와 모양, 글꼴 그런 것들일 때가 훨씬 더 많았다. 그가 책을 무지막지하게 사들인 것은 당연한 일. 사람들은 말하곤 했다. "읽지도 않는 책을 왜 그리 많이 사고 또 사느냐?"

　　대답은 늘 같았다. "책 맛은 꼭 읽어야만 맛볼 수 있는 게 아니다. 제목만 읽어도 책 절반은 읽은 것이나 마찬가지다. 그러니 책을 사는 순간, 책을 보는 순간, 반은 읽고, 아

니 맛보고 들어가는 셈이다." B가 책을 사자마자 하는 일도
늘 같았다. 손으로 책을 들어 이리저리 한참을 돌려본다. 책
을 펼쳐 종이에 코를 대고 쿵쿵 냄새를 맡는다. 책장을 넘기
면서 손으로 책장을 살살 쓸어 만진다. 그다음엔 책장을 빠
르게 넘기면서 팔랑팔랑 스삭스삭 소리를 듣는다.

지인들이 가장 이해하지 못하는 B의 행동은 책 표지
와 본문 종이에 입술과 혀끝을 차례로 대며 맛을 보는 짓이
었다. B가 '책맛'이라고 표현한 것은 비유가 아니라 현실이
었던 것. 이렇게 책을 시각, 후각, 촉각, 청각 그리고 미각
등 오감(五感)으로 누리곤 하였으니 일상적 삶에서의 책임감
은 별로 없는 B가 책오감(冊五感)에서만큼은 더없이 충실하
였다.

B가 자신의 서재 다음으로 좋아하는 장소는 두말할
나위 없이 서점과 도서관. B가 도서관 서가 사이에서 책을
살피고 있던 어느 날 오전이었다. 갑자기 정신이 혼미하고
머리가 어지러워지는가 싶더니 밝은 빛에 휩싸이는 느낌이
들었다. B는 '서가 사이에 너무 오래 서 있었기 때문일까?'
생각했다. 정신을 바짝 차리려 애썼지만 온몸의 기운이 풀
리고 눈이 점점 보이지 않더니 소리도 들리지 않았다.

시간이 얼마나 지났을까, B는 눈을 떴지만 몸이 움직

사서(司書)

주세페 아르침볼도, 1566년경, 캔버스에 유채,
97×71cm, 스웨덴 스코클로스테르 성

여지지 않았다. 가위 눌린 기분이랄까. 아무리 힘을 쓰려 해도 몸은 옴짝달싹할 줄 몰랐다. 눈을 돌려보려 해도 마찬가지다. 좀 더 정신을 집중해보니 아까 서 있던 서가가 근처인건 분명하다. 두려움이 몰려온다. '내가 어떻게 된 것인가?' 한참을 그렇게 있는데 사람 목소리가 들렸다. "그 책이 여기쯤 있을 텐데…." "아니야. 이쪽이 아니라 저쪽에 있을걸."

B는 그들에게 말을 건네려 해보았지만 여의치 않다. '여기요, 여기 좀 봐주세요. 제가 어떻게 된 거죠?' 머릿속에서만 말이 맴돌 뿐이다. 이윽고 두 사람은 B의 시야에서 사라졌다. B가 자신이 지금 어떤 상황인지 알아챈 것은 바로 그 순간이다. B는 자신이 펼쳐보던 책, 바로 그 책이 되어 서가에 꽂혀버린 것이다. B는 이걸 알아챈 뒤 참 이상하리만치 두려움이 사라지는 걸 느꼈다. 오히려 편안한 기분이다.

책과 한 몸이 되어버린, 아니 책이 되어버린 B는 책 내용이 온 신경과 세포가 되어 살아 있다는 느낌에 소스라쳤다. B는 이제 책을 보고 만지고 냄새 맡고 듣고 맛보는 것이 아니라 책으로 살아가게 된 것이다. B가 다만 슬퍼한 것은 '한 책에 갇히다니, 아니 한 책이 되어버리다니'였다. B는 이내 자신이 즐겨 어루만지던 다른 책을 떠올렸다. 냄새, 색깔, 종이의 감촉, 디자인, 무게감, 크기와 모양, 글꼴, 그리고 무엇보다도 그 맛.

그 순간 B는 이제껏 느껴보지 못한 쾌감, 환희에 휩싸였다. 방금 떠올린 그 다른 책이 되어버리는 게 아닌가! 이게 가능한 일인가? 반신반의하며 B는 다시 또 다른 책을 떠올렸다. 역시 마찬가지로 그 책이 되어버리는 게 아닌가. B는 자신이 기억하는 모든 책을 떠올리며 도서관의 이곳저곳으로 이동, 아니 이 책 저 책이 되어보았다. 그렇게 하루 종일 수백 권으로 산 뒤에야 생각이 났다.

다시 예전 상태로, 사람으로 돌아가지 못하는 걸까? 나는 사람인가, 책인가? 책이 된 사람인가? 아니면 사람으로 살았던 책, 본래 책이었는데 잠깐 사람으로 살다가 책으로 되돌아온 책인가?

B는 자신이 도대체 어떤 존재인지 혼란스러웠지만 이내 또 다른 책이 떠올랐다. 온 신경과 세포에 책 내용이 가득 차올라 '책을 살아내는' 충만한 느낌을 계속해서 새롭게 맛보았다. 그러는 사이 자기 존재에 대한 혼란과 물음도 잦아들었다.

이렇게 온전한 서인합일(書人合一)을 통해 '호모 비블리쿠스(homo biblicus)'라는 새로운 종, 곧 서인종(書人種)이

탄생한 것이다. 서인종이 정확히 언제 탄생했는지는 아무도
모른다. 다만 책이 있었고 어느 곳 어느 시대에나 그들은 탄
생했고 또 살아 있다. 이탈리아 출신으로 빈의 합스부르크
궁정에서 활동한 화가, 주세페 아르침볼도(1527~1593)의 시
대에도 마찬가지였다. 아르침볼도가 묘사한 서인종은 신성
로마제국 황실 사서(司書)이자 소장품 관리책임자이며 페르
디난트 1세 황제의 공식 역사가였다.

지도 제작자로도 유명한 이 서인종의 이름은 볼프강
라지우스(1514~1565). 그는 유럽 각지를 여행하면서 수도원
이나 도서관에서 수많은 문헌을 모아들였다. 때로는 훔치기
까지 했다. 사실 이 그림은 라지우스를 객관적으로 묘사한
것과는 거리가 멀다. 그림 속 인물(?)이 쓴 안경은 책을 넣어
두는 서궤(書櫃)의 열쇠, 수염은 책과 서가의 먼지를 털어내
는 동물 꼬리 먼지떨이다.

머리 윗부분에 해당하는 책만 펼쳐져 있다. 두 가지
뜻을 담았을지 모른다. 머리에 놓인 책을 눈으로 읽을 수는
없는 노릇이니 책만 좋아하고 책을 읽지는 않는 사람을 놀
려먹는 뜻이 하나다. 책을 읽으면서 지식이 머리에 저장되
고 생각이 펼쳐진다 하겠으니, 펼쳐진 책은 곧 지성(知性)의
작동을 뜻할 수 있다.

책 좋아하여 잔뜩 쌓아놓기는 해도 좀처럼 읽지는 않

는 이가 있다면, 그 사람은 조롱 받아야 할까? 아니다. 그런 사람도 책 표지만은 읽지 않겠는가. 표지에 실린 제목과 저자, 출판사 정보만 접하더라도, 표지 디자인과 장정(裝幀)을 감상만 하더라도 그 사람은 충분히 독서인이다. 독서 가운데 뜻밖에 보람과 유익이 큰 독서는 바로 '표지 독서'다.

기꺼이 포로가 되는 순간

　책을 읽으며, 책을 읽고 크게 놀란 적이 있는가? 나 자신에 물어보니 그렇게 많지는 않다. 중학교 2학년 때 철학자 버트런드 러셀의 자서전을 읽다가, 러셀이 청소년기에 들어서며 자위행위 습관이 들어 도무지 공부에 집중하기 어려운 지경에 이르렀다가, 첫사랑에 빠지면서 겨우 멈출 수 있었다는 대목에서 크게 놀랐다. 사실은 안도했다. '그도 했구나.'

　역시 중학교 때 조선 시대 야사(野史)를 모은 야릇한 책을 친구 집에서 읽다가 온갖 야한 이야기에 얼굴이 벌게지며 새로운(?) 세계가 활짝 열리는 듯한 경이, 그러니까 놀라움에 휩싸였다. 돌이켜보니 성(性)에 눈뜨는 청소년기에 성(性)스러운 책이나 그 일부분에만 놀란 것 같지만 꼭 그렇지는 않았다.

　모름지기 잘 쓴 글이란 화려하고 장황하게 꾸민 글이라고 생각했던 고등학교 시절을 지나 대학에 입학하고 나서, 한국 사학자 이기백 선생의 《한국사신론》을 교양 한국사 수업 교재로 처음 접하면서 이런 글도 있구나 하면서 크게 놀랐다. 닭가슴살 같은 글이라 할까. 지방질 0%에 가까운 지성(知性)의 단백질. 한 문장에 한 가지 의미와 생각을 담는 단문이 계속 이어지는 글쓰기.

　명색이 철학과 학생이었던지라 '중세철학' 수업 시간에 소개받은 아우구스티누스의 《고백록》을 읽다가도 크게 놀랐다. 한 개인이 어쩌면 이렇게 솔직하고 절절하게 자기 삶을 영혼의 바닥까지 싹싹 긁어내 그야말로 고백할 수 있을까. 《고백록》에는 아우구스티누스가 성욕에 얽매여 방종하는 자신을 뼈저리게 반성하는 대목이 자주 나온다. 나는 감히 방종하지는 못했으나 얽매이기는 하였으니 깊이 공감하며 놀랐다.

　상상의 해결책, 다른 곳의 삶을 그린 벨기에 출신 화가 르네 마그리트는 1926년 자신의 첫 초현실주의 작품 〈길

잃은 기수〉를 그렸다. 이듬해 브뤼셀에서 첫 전시회를 열었지만 혹평받은 뒤 파리로 이주하여 3년 동안 지냈다. 이 시기 그는 앙드레 브르통이 이끄는 초현실주의 그룹에 참여하여 활동했다. 그렇다면 마그리트의 그림 속 독자는 초현실주의 텍스트, 로베르 데스노스의《자유 또는 사랑!》이나 브르통의《초현실주의 선언》을 처음 읽으며 놀라는 독자, 곧 마그리트 자신일 수 있겠다.

> 클럽 회원들이 모여 있던 살롱으로 복수의 빛과 그림자가 밀려왔다. 안락의자의 그림자들, 마시는 이들의 그림자들, 하늘로 낸 창틀이 드리우는 그림자들, 그리고 정액을 마시는 이들은, 이러한 각각의 그림자 안에 자신에게 가장 소중한 사랑이 머무를 둥지를 틀었던 것이다. 날개를 펄럭이며, 또한 이날 밤 그들이 해방될 때까지 그들의 날개를 적셔주었던 출렁이는 피에 다시금 전율을 느끼며, 잠시나마 밤의 나비들 사이로 도망 오기 위해서 말이다.

프랑스 작가 데스노스의 소설(?)《자유 또는 사랑!》*의 일부다. 제정신으로 쓴 글일까? 제정신이란 또 무엇일까? 소설 뒤에 물음표를 한 까닭은 이 소설에서 서사, 즉 이야기

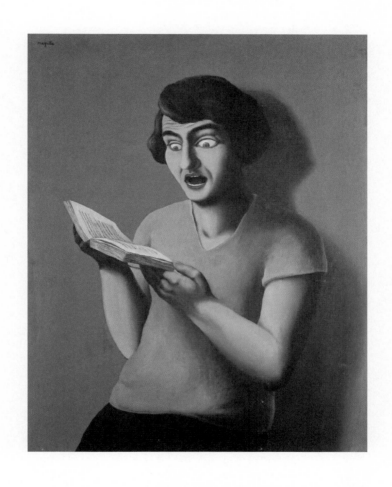

포로가 된 독자

르네 마그리트, 1928년, 캔버스에 유채,
92×73cm, 아랍에미리트 루브르아부다비

를 찾아보기 힘들며 인물 간, 행위 간 개연성도 보기 힘들기 때문이다. 이미지, 느낌, 생각의 나열이 이어진다. 일종의 주인공으로 남자 코르세르 상글로와 여자 루이즈 람이 나온다. 착취, 파괴, 학대, 폭력 그리고 관능. 우리가 일반적으로 알고 느끼는 사랑이 아니다.

상대의 자유를 빼앗고 한쪽이 일방적으로 지배하면서 나의 관능을 충족시키는 것. 그렇다면 사랑은 투쟁인가? 지배당하지 않기 위해 저항하고 구속당하지 않기 위해 싸우는 것. 사랑이 그러하다면 곧 혁명과 닮았다. 작품이 발표된 1927년, '정액 마시는 이들' 부분은 검열에 걸려 삭제되어야 했다. 그렇다면 이 작품 자체가 하나의 저항이자 투쟁, 또는 혁명일 수도 있겠다. 문학·예술 사조로서의 초현실주의가 바로 그러했다.

데스노스는 1922년부터 브르통이 주도하는 초현실주의 운동에 참가했고 1929년 그와 결별했다. 브르통이 말한다. "오늘날 우리의 문제는 초현실주의이며, 데스노스는 그 예언자이다." 데스노스는 반(半)수면 상태에서 손이 가는대로 글을 쓰는 작법(作法)에 능했다. 특히 그런 상태에서 시를 읊는 능력이 뛰어났다. 이성의 규제나 의식의 통제에서 벗어나 자유로운 연상을 적어 내려가는 자동기술법이다. 왜 그렇게 하는가? 현실에 대한 상상의 승리를 위해?

초현실주의는 어느 날 우리가 우리의 적들을 누르고 승리할 수 있게 해줄 보이지 않는 광선이다. '너는 이제 떨지 않는다, 해골이여.' 이 여름 장미는 파랗다. 숲은 유리다. 녹음의 옷을 입은 대지는 유령처럼 나에게 별로 깊은 인상을 심지 못한다. 산다는 것과 살기를 그친다는 것, 그것은 상상의 해결책이다. 삶은 다른 곳에 있다.**

그림 속 독자는 파리로 함께 이주하여 살던 아내 조르제트 베르제일 수도 있겠다. 아내가 예전 화풍을 좋아한다는 이유로 마그리트가 1940년대 중후반 인상주의 화풍을 중단하고 초현실주의로 돌아왔다는 얘기도 있지 않던가. 초현실주의 그룹 모임에서 책을 한 권 받아와 읽으며 놀라는 마그리트. 왜 그리도 놀라는지 궁금했던 베르제가 책을 집어들어 읽다가 역시 놀란다. 이후 마그리트의 그림들이 많은 사람을 놀라게 한 것의 전주(前奏)라 할까.

도대체 왜 우리가 그 책을 읽는 거지? 책이란 무릇, 우리 안에 있는 꽁꽁 얼어버린 바다를 깨뜨려버리는 도끼가 아니면 안 되는 거야.

책이나 독서와 관련하여 자주 인용되는 카프카의 말이다. 마그리트는 파리에서 그런 도끼를 만났다. 그림 제목은 순종적인, 종속당한, 복종하는, 고분고분한, 유순한, 온순한 등으로 다양하게 번역할 수 있다. 그렇다면 '포로가 된 독자'로 옮기는 건 어떨까? 책을 읽으며 얼어붙은 정신의 바다가 깨지고 새로운 세계에 눈을 뜨는 순간, 독자는 기꺼이 책의 포로가 된다. 적어도 또다시 그런 책을 만나기 전까지는.

● 《자유 또는 사랑!》, 로베르 데스노스 지음, 이주환 옮김, 읻다, 2016.
●● 《초현실주의 선언》, 앙드레 브르통 지음, 황현산 옮김, 미메시스, 2012.

좌절의 옆을 지키는 책

아아, 그분이로다! 그래 방금 뵈었어,

성난 바다처럼 미친 상태였어. 큰 소리로 노래 부르며,

왕관 대신 악취 나는 퍼미터와 도랑잡초를 쓰신,

호어덕, 햄록, 쐐기풀, 황새냉이,

독보리, 그리고 양식이 되는 곡식 사이

온갖 쓸모없는 잡초들을 쓰신

…(중략)…

도대체 어찌하면

그들이 앗아간 그분의 정신을 되돌릴 수 있을까?[●]

'노년'에 관한 가장 문학적이자 교훈적 텍스트는 아무리 생각해도 셰익스피어의 《리어 왕》이다. 리어 왕은 올곧다. 그런 리어 왕은 늙었다. 그리고 어리석어졌다. 나이 들어갈수록 올곧지 않아야 어리석어지지 않는다. 올곧다는 건 '바르고 곧다'는 뜻. 여기에서 '올곧지 않아야 한다'는 건 '나야말로 바르고 곧다는 생각을 버려야 한다'는 뜻이다. 그래야 나 자신의 노년과 내 주변 사람들이 두루 평안할 것이다.

젊은이들은 어리숙할 뿐, 어리석은 것이 아니다. 어리석음은 연장자의 몫이다. 노년의 가장 큰 어리석음은 젊은이들이 어리석다고 여기는 어리석음이다. 노년에 이르기 전 사망했고 그런 어리석음이 전혀 없었던 사람, 왕위를 물려받았어야 마땅하지만 부왕(父王)에게 배척당한 왕자, 왕이 아니면서도 리어 왕의 운명을 겪어야 했던 에스파냐의 카를로스 데 비아나 왕자(1421~1461)다.

나바라의 카를로스 4세로도 불리는 그는 아라곤 왕국의 후안 2세의 아들이다. 어머니는 나바라의 통치자 카를로스 3세의 상속권을 지닌 딸이었다. 어머니가 1441년 세상을 떠난 뒤 아버지 후안이 아들 카를로스를 배척하기 시작했다. 이들 부자(父子) 사이는 아버지가 두 번째 부인 후아나 엔리케즈를 맞아들이면서 더욱 악화되어갔다. 후아나는 훗날 아라곤의 왕이 된 아들 페르난도를 낳았다. 그런 후아나

카를로스 데 비아나 왕자

호세 모레노 카르보네로, 1881년, 캔버스에 유채,
310×242cm, 스페인 프라도국립미술관

에게 카를로스는 눈엣가시였다.

후아나는 노골적으로 나바라의 내정에 간섭했다. 아버지 후안 2세도 카를로스의 이복동생 페르난도를 총애했다. 갈등의 골이 깊어진 끝에 내전(內戰)이 발발했다. 카를로스는 패하여 포로가 되고 말았다. 아버지 생전에는 그 어떤 곳의 왕위에도 오르지 않는다는 조건으로 겨우 석방되어 나폴리에서 사실상 망명 생활을 했다. 조선의 영조와 사도세자의 스페인 버전인가?

1458년 아버지 후안은 아들 카를로스에게 나폴리와 시칠리아의 통치권을 주려 했지만 카를로스는 이를 사양하고 이듬해 나바라로 돌아왔다. 하지만 다시 한 번 아버지에 의해 감금당하고 말았다. 카를로스가 감금당하자 카를로스를 신뢰하던 카탈루냐 사람들이 분개해 마지 않았다. 이에 아버지 후안은 아들을 석방하고 카탈루냐의 통치권을 주었지만, 카를로스는 1461년 9월 23일 서른아홉에 세상을 떠났다. 후아나가 독살했다는 소문이 돌았다.

카를로스는 교양과 학식이 풍부하고 성품이 온후했다. 음악과 문학을 애호했으며 아리스토텔레스의 《니코마코스 윤리학》을 아라곤 언어로 번역하기도 했고, 이는 1509년 사라고사에서 출간됐다. 나바라 왕들의 연대기를 집필하기

도 했다. 이 그림은 그가 내전에서 패한 뒤 나폴리 수도원에
은거하던 시절을 묘사한 것으로 보인다. 그레이하운드 한
마리만이 그의 곁을 지킨다.

　　정치적으로는 좌절한 시기였지만 학문을 애호하는 인
물답게 책을 쥐어들고 있다. 화가는 카를로스가 앉은 의자
를 사실상 왕좌로 묘사했다. 정당한 왕위 계승권자이면서도
아버지와 갈등하여 실각한 카를로스를 위로하는 뜻일까? 책
사이에 둘러싸여 책을 펼쳐놓고 또 손에 쥐고 있지만 카를
로스의 시선은 망연자실 그 자체로 보인다. 책에 몰두하다
가도 자신이 처한 상황이 불현듯 깊은 회한으로 가슴 깊이
밀려들기 때문일까?

　　아무런 관련 지식 없이 그림을 처음 보는 순간 몇 가
지 단어가 떠오를 때가 있다. 이 그림은 좌절, 실의라는 단
어를 떠올리기 충분하다. 그 좌절과 실의 속에서도 책만은,
아니 책만이 작은 위안이 되어줄 수 있을까? 카를로스의 표
정을 보면 그런 것 같기도, 그렇지 않은 것 같기도 하다. 그
가 손에 쥔 책은 어떤 책일까? 철학에 식견을 지닌 그였으니
보에티우스의 《철학의 위안》으로 볼 수 있지 않을까?

　　그러므로 너의 명성이 아무리 오랫동안 지속된다고
할지라도, 무한한 영원이라는 관점에서 생각해보는

경우에는 그 명성이 지속되는 시간은 단지 짧은 것이 아니라 아예 존재하지 않는 것이나 마찬가지라고 할 수 있다. 그런데도 너는 사람들의 쑥덕공론과 공허한 소문을 따라 행하는 것 외에는 어떻게 해야 올바르게 행하는 것인지를 알지 못하고, 양심과 미덕에서 뛰어나고자 하는 것은 거들떠보지도 않은 채로 그저 사람들이 수다스럽게 늘어놓는 찬사의 상만을 구하는구나.**

유럽의 국왕이나 왕족을 묘사한 그림 대부분은 왕가의 위엄과 영광을 한껏 드러낸다. 그런 많은 그림들과 크게 다르다는 것. 이것이 내가 이 그림을 썩 마음에 들어 하는 이유다. 카를로스가 살아 있을 때 그려졌다면 그림 속 카를로스는 한껏 위엄을 뽐내고 있었으리라. 19세기 말에 그려진 그림이기에 카를로스의 인생사가 그림 한 폭에 담길 수 있었다.

후일담 하나. 이탈리아 제노바 출신 크리스토포로 콜롬보, 즉 크리스토퍼 콜럼버스가 1486년 에스파냐로 건너가 후원자를 찾았다. 몇 년의 우여곡절과 끈질긴 설득 끝에 카스티야 여왕 이사벨 1세와 아라곤 왕 페르난도 2세 부부의 후원을 얻어내는 데 성공했다. 1492년 콜럼버스는 선단을 이끌고 출항하여 같은 해 오늘날의 바하마 제도에 도착했다. 역사는 가정을 허락하지 않지만 이복동생 페르난도 2세의 자리에 카를로스가 있었다면?

가정을 허락하지 않는 역사에 대한 부질없는 질문이긴 하다. 운칠기삼(運七技三)이라 했다. 일의 성패는 운이 7할을 좌우하고 사람의 능력과 노력은 3할을 좌우한다는 것. 살아보니 운구기일인 것 같기도 하다. 그럼에도 사람은 그 1할의 노력과 능력을 다하지 않을 수 없다. 개인의 운명과 역사의 명운이 카를로스의 표정에 갈마든다.

● 《리어 왕》, 윌리엄 셰익스피어 지음, 김정환 옮김, 아침이슬, 2008.
●● 《철학의 위안》, 보에티우스 지음, 박문재 옮김, 현대지성, 2018.

시선의 놀이에 초대합니다

그림 속 여인들의 대화*를 내 멋대로 지어본다. 그림
하나는 무척이나 다양한 이야기를 낳는다. 우리가 '그림을
읽는다'는 표현을 쓸 수 있는 이유다.

"다음 권도 읽을래? 줄까?"
"아니, 아니, 됐어. 아껴 읽어야지."
"아껴 읽긴! 이미 몇 번이나 읽었잖아."
"멋진 남자를 한 번만 만나는 법이 있나? 그건 아니지."
"하긴, 그건 아니지."
"만날 때마다 새로운 남자, 그래서 늘 두근두근 기대

되는 남자. 한꺼번에 다 알기보단 조금씩 알아가고픈 남자. 사랑의 기교가 참 다양한 남자. 뻔한 얘기도 생생하게 이야기하는 남자. 끝났어도 되돌릴 수 있는 남자. 그런 남자 어디 없을까? 이 책처럼, 이야기처럼 말이지."

"욕심하고는. 이런 남자는 많은데 말이지. 함께 밤을 지낸 뒤 무슨 급한 일이라도 갑자기 생각난 사람처럼 벌떡 일어나 재빠르게 옷을 입고, '에헴, 그럼 이만 실례하겠소이다' 말하는 남자."

"말만 들어도 끔찍해. 잠에서 깬 뒤에도 계속 누워 있으면서 일어나기 싫다는 듯 우물쭈물하고 있어야지. '날이 밝았어요. 다른 사람 눈에 띄기라도 하면…' 여자의 이런 재촉을 듣고서야 한숨 내쉬며 일어나야지."

"일어나서도 곧바로 옷 입지 않고 우두커니 생각에 잠겼다가 지난밤의 일을 귓가에 속삭인 뒤 천천히 옷을 입어야지. 낮 동안 못 보는 게 얼마나 괴로운지 속삭이고 일어나야지."

"그런 남자 만나본 적 있어?"

"있지. 책 속에서."

무슨 책, 무슨 이야기일까? 1682년 10월에 나온 이하라 사이카쿠의 8권 8책 분량 장편소설, '고쇼쿠이치다이오

책 읽는 두 미인

스즈키 하루노부, 1767~1768년경, 채색 목판화,
28.3×21.4cm, 미국 보스턴미술관

토', 즉《호색일대남(好色一代男)》으로 보고자 한다. 에도 시대 최대 베스트셀러 대중오락소설이다. 54장에 걸쳐 사실상 독립된 단편소설들로 구성돼 있다. 주인공 요노스케의 탄생부터 60세까지의 '일대기'이다.

그 '일대기'를 이루는 중심 소재는 섹스. 요노스케는 그야말로 수많은 상대와 애정 행각을 펼친다. 일본 영화의 '로망 포르노'에 견줄 수 있다. 그렇다고 노골적인 정사 장면만 가득한 건 아니다. 품격 있는 은유적 묘사가 적지 않다. 주인공이 돌아다니는 일본 각지 풍속과 현실, 서민 계층의 애환이 드러나 있다. 주인공의 일종의 '첫 경험'은 7세 때 이뤄졌다.

어느 여름날 밤, 7세의 요노스케는 오줌이 마렵다. 잠자리에서 일어나 방문을 열려 한다. 옆방에서 자던 하녀가 기척을 느끼고 일어나 촛불을 밝혀 들고 나온다. 집 한구석의 소변 통까지 가는 요노스케를 따라나선다.

볼일을 본 요노스케가 손을 씻는다. 하녀는 요노스케가 나무줄기에 긁히거나 튀어나온 못에 다칠까 봐 요노스케 곁으로 다가선다. 그런 하녀에게 요노스케는 촛불을 끄고 더 가까이 오라고 말한다. 하녀는 의아하고 당혹스럽다.

"넘어지시지는 않을까 걱정이온데 불을 끄라시니 어인 말씀이시옵니까?"라고 물으니 요노스케는 태연한 얼굴로 "사랑은 어둠 속에서 한다는 걸 모르는가?"라고 말하기에 호신용 칼을 들고 있던 다른 하녀가 분부대로 촛불을 꺼 드리자 하녀의 왼쪽 소매를 잡아끌면서 "혹시 근처에 유모가 있는 건 아니겠지?"라고 주위를 신경 쓰는 모습이 하도 어처구니가 없어 아이라고는 믿어지지 않았다.

"하늘나라 다리 위에서 처음에는 제대로 교합을 못 했던 남녀 신들처럼 도련님이 아직 몸은 영글지 않았는데 그 마음만은 간절한 것 같네요"라고 주인마님께 있는 그대로 말씀드렸다. 마님도 그 녀석 어린 나이지만 신통한 아들이라고 내심 크게 기뻐하셨으리라.**

《호색일대남》이 베스트셀러가 되면서 삽화가 들어 있는 대중소설, 구사조시(草双紙) 장르가 크게 유행했다. 구사조시는 이야기가 있는 그림책, 즉 에혼(絵本)을 통틀어 말하는 표현이기도 했다. 오늘날 세계적으로 망가, 즉 만화 강국인 일본 출판 전통의 뿌리다.

18세기 일본에서는 출판업이 전문화되어 많은 서적이 유통됐지만, 책은 여전히 비쌌다. 높은 가격은 책 판매에 부정적. 이에 따라 책을 빌려주는 대본(貸本)이 성행했다. 독자들은 대본소에서 싼값에 다양한 책을 빌려볼 수 있다. 출판업자는 안정적인 수입원을 확보할 수 있다.

그림 속 두 여인이 대본소에서 책을 빌려온 것 같지는 않다. 여인들의 옷차림새와 방 분위기로 볼 때 궁중이나 귀족 집안이다. 그림을 그린 스즈키 하루노부는 고전적인 서정과 일상생활에 바탕을 둔 주제를 자기 시대의 실제 현실이나 모델, 풍속에 투영시켜 낭만적이면서 동시에 현실적인 분위기로 표현하는 경향을 보였다. 특히 여성의 자태와 미묘한 심리적 움직임을 묘사하면서 미인화(美人畵)의 독자적인 화풍을 이룬 것으로도 평가받는다. 하루노부의 그림에 등장하는 여성들은 에로틱하기보다는 청순하며 서정적이고 때로는 중성적(中性的)이다. 하루노부는 일본 미술사에서 니시키에(錦繪), 즉 다색도 인쇄 목판화의 창시자로도 평가받는다. 니시키에는 그림 그리는 사람, 목판에 새기는 사람, 종이에 찍어내는 사람 등이 치밀하게 협력하여 생산한 여러 색깔의 정교하고 화려한 목판화이다.

이 그림에는 그림 속 그림이 하나 있다. 노송(老松) 옆으로 노인이 나귀를 타고 간다. 시중드는 짐꾼이 보따리를 장대에 묶어 걸머메고 걸어간다. 짐꾼은 고개를 돌려 두 여인 쪽을 바라본다. 네 가지 시선이다. 두 여인이 서로를 바라본다. 그런 두 여인을 그림 속 짐꾼이 바라본다. 노인은 지긋이 앞을 본다. 우리는 그 모든 시선을 그림 바깥에서 바라본다.

한 가지 빼먹을 뻔했다. 작가, 화가의 시선. 이런 시선의 교환, 교차 그리고 뒤섞임은 책을 읽을 때, 특히 소설 읽을 때에도 마찬가지. 그림 읽기와 소설 읽기는 '시선의 놀이'다. 하루노부가 그 놀이에 우리를 초대한다.

- 《마쿠라노소시》(세이쇼나곤 지음, 정순분 옮김, 갑인공방, 2004)의 '새벽에 헤어지는 법'의 일부를 대화체로 재구성했다.
- • 《호색일대남》, 이하라 사이카쿠 지음, 정형 옮김, 지식을만드는지식, 2017.

판아테나이아 축제 암살 사건

　　기원전 514년 8월, 바야흐로 아테네의 판아테나이아
축제의 시간이다. 8일 동안 아테나 여신의 탄생을 기리며 희
생 제물을 올리고 운동 경기를 펼치며, 서사시와 음악 경연
을 벌이고, 갑옷 입은 남성들이 춤을 추고 승마 경기에 나설
것이다. 경연에는 상금이나 올리브기름 상품이 걸렸다. 아
테네의 번영과 영광을 과시하는 이 축제의 하이라이트는 아
테네 북서쪽 케라미코스에서 출발하여 아고라를 거쳐 아크
로폴리스까지 이어지는 성대한 행진이었다.

　　특별히 수놓은 상의를 아테나 여신상에 바쳤고, 행렬
이 아크로폴리스에 도착하면 희생제를 지낸 뒤 고기를 나누

어 가졌다. 시민 자격이 없는 외국인, 노예들도 축제를 즐겼다. 축제와 사랑, 이와는 어울려 보이지 않는 암살과 처형. 기원전 514년의 축제는 그러했다.

발단은 두 남성 하르모디오스와 아리스토게이톤의 사랑이다. 여기에 참주(僭主) 독재자 페이시스트라토스의 아들 히파르코스가 끼어든다. 히파르코스는 하르모디오스에게 반하여 사랑의 도전자가 되었으나 하르모디오스는 거절했다. '남성 삼각관계라니!'하는 생각일랑 말자. 동성 커플 150쌍, 300명으로 구성되어 무적을 자랑하던 테바이의 신성대(神聖隊)라는 부대마저 있었던 고대 그리스다. 아리스토게이톤은 불안해졌다. 히파르코스는 아버지의 뒤를 이어 참주가 된 히피아스의 동생이었으니 말이다.

히파르코스는 하르모디오스를 계속 유혹했지만 여의치 않았다. 사태는 막장 드라마로 치닫는다. 히파르코스는 하르모디오스의 누이에게 판아테나이아 축제 때 꽃바구니 드는 역할을 맡기고서 축제가 시작되자 모욕을 주며 그녀를 쫓아버렸다. 복수는 복수를 부르는 법. 하르모디오스와 아리스토게이톤은 축제 행진이 시작되는 날을 거사일로 잡았다. 자신들이 행동을 개시하고 동지들이 참주 경호대에 대항하면, 시민이 호응하리라 기대했다. 마침내 축제 행진이

호메로스 읽기

로렌스 알마 타데마, 1885년, 캔버스에 유채,
183×91cm, 미국 필라델피아미술관

시작되고 얼마 뒤, 자신들 편에 가담한 한 사람이 히피아스에게 다가가 귀엣말을 하는 모습이 보였다.

밀고한다고 생각한 둘은 히파르코스를 기습하여 가슴에 단검을 찔러넣었다. 하르모디오스는 체포되어 처형당했고 아리스토게이톤은 도망쳤다. 가슴을 찔린 히파르코스는 죽었다. 도망친 아리스토게이톤은 사로잡혔다. 히피아스가 암살 동기를 묻자 아리스토게이톤이 답했다. "히파르코스가 하르모디오스를 탐냈기 때문이오. 죽음은 두렵지 않소. 하르모디오스의 뒤를 따라갈 수 있기 때문이오."

이 말대로 그는 처형당하여 하르모디오스의 뒤를 따라갈 수 있었다. 이날의 암살과 체포, 처형은 축제를 방해하지 않았다. 군중의 동요를 우려한 히피아스가 일을 조용히 처리한데다가, 축제 열기에 흠뻑 빠진 사람들이 사건을 눈치채지 못했기 때문이다.

그림 속 가장 왼쪽에 서 있는 인물의 차림새와 분위기는 이국적이며, 엎드려 있는 인물은 신화에 나오는 캐릭터를 연상케 한다. 그 둘은 평소와 다르게 치장하고 축제 행렬에 참가했다가 빠져나온 듯하다. 월계관을 쓴 음유시인은 두루마리 한쪽 끝을 잡은 왼손을 한껏 치켜올려 동작을 취한다. 무릎 위에 놓인 두루마리에는 시선을 두지 않는다. 사람들은 각자 편한 자세로 음유시인에 주목한다. 연인 한 쌍은 서로의 손을 가볍게 잡고 있다.

그렇다면 이 그림의 제목은 〈호메로스 읽기〉보다는 〈호메로스 듣기〉가 되어야 하지 않을까? 저 두루마리는 무엇인가? 본래 음유시인들은 서사시가 기록된 문서를 외워서 음송하였다. 다만 음송하다가 가끔 참고할 요량으로 대강과 주요 부분만 기록해둔 문서를 활용할 때도 있었다. 메모지 몇 장에 요지를 기록해 손에 쥐고 강연에 나서는 오늘날의 강연자들과 비슷했던 것이다.

책 읽을 때 그의 목소리는 들리지 않고 혀도 움직이지 않았다. 우리는 종종 이런 식으로 침묵 속에서 독서에 빠진 그를 발견하곤 했다. 그는 절대로 큰 소리를 내어 글을 읽지 않았다.[*]

밀라노의 주교 암브로시우스(340~397)가 책 읽는 모습을 아우구스티누스가 묘사했다. 10세기까지 서양에서 소리 내어 읽지 않는 묵독은 드문 일이었다. 동서(東西)를 막론하고 독서는 기본적으로 소리 내어 읽는 낭독이었다. 전통사회의 텍스트 대다수는 낭독을 전제로 한다.

18세기 프랑스의 개인 살롱에서 책을 낭독하고 감상

하는 풍경. 조선의 선비 집안 규방에서 부인들이 전문 낭독
가인 전기수(傳奇叟)의 목소리에 귀 기울이는 모습. 1850년
대부터 작품의 주요 대목을 연기하듯 낭독했고 영국, 미국,
캐나다에서 순회 낭독회를 열어 큰 인기를 모은 찰스 디킨
스. 독서의 역사에서 낭독은 적어도 절반 이상을 차지한다.

　　고대 그리스에서 서사시가 본격적으로 기록된 것은 바
로 페이시스트라토스와 그 아들 히피아스가 통치하던 시기
로 추정된다. 페이시스트라토스가 판아테나이아 축제에서
호메로스 서사시를 낭송하는 음유시인에게 상을 내리기 시
작하면서 서사시 텍스트를 정리하고 검정할 필요가 생겼기
때문이다. 텍스트가 정리, 기록되었다고는 해도 여전히 서사
시는 외워서 음송하는 것이었으니, 그림 속 음유시인은 두루
마리에 무신경하다. 더욱 극적으로 음송하기 위한 동작을 취
할 때 두루마리를 일종의 도구로 사용하는 모습이다. 판소리
공연에서 부채를 갑자기 확 펼쳐 내미는 것과 비슷하다.

　　그림을 그린 로렌스 알마 타데마는 고전(古典) 고대의
문물과 역사에 심취했다. 대리석 질감 묘사의 달인이라는 평
가도 받았다. 특히 디테일을 고증하는 데 큰 신경을 썼다. 예
컨대 그림 속 수금(竪琴)은 실제 유물에 묘사된 고대의 수금
을 세밀하게 재현, 묘사한 것이다. 이 덕분에 그는 무대 배경

과 의상 디자이너로도 활동했으며 할리우드의 고대 사극 제
작에도 영향을 미쳤다.

　　그림 속 음유시인과 청중은 히파르코스가 암살당하고
하르모디오스가 처형당한 소식을 들었을까? 음유시인만이
참주 히피아스에게 상을 받으며 낌새를 눈치챘다 하자. 그
는 이 소식을 청중에게 직접 전하지 않고《일리아스》의 다음
부분을 음송하기 시작했다.

　　　　이제 나는 가겠습니다. 사랑하는 사람을 죽인 자를 만
　　　　나러, 헥토르를. 그 언제든 죽음의 운명을 받아들일
　　　　것입니다. 제우스가, 또 다른 불사의 신들이 끝내기를
　　　　원하신다면 헤라클레스의 힘도 죽음의 운명을 피하지
　　　　는 못했습니다. 크로노스의 아들 제우스 왕에게서 가
　　　　장 사랑받는 자였는데도. 운명이, 헤라의 참기 힘든
　　　　분노가 그를 제압했던 것입니다. 그처럼 나도, 만일
　　　　나에게도 똑같은 운명이 정해졌다면 눕겠습니다. 죽
　　　　은 다음에. (제18권 114~120행)**

●　　《독서의 역사》, 알베르토 망겔 지음, 정명진 옮김, 세종서적, 2016.
●●　　《낮은 인문학》, 김헌의 〈우리는 무엇을 위해 사는가〉에서 재인용. 김헌
　　　　외 지음, 21세기북스, 2016.

책으로 시청하는 주말 드라마

야외에 큰 병풍이 서 있다. 나무틀에 끼워 세우는 병
풍인 삽병(揷屛)이다. 삽병에는 십장생에 속하는 구름과 달,
그리고 꽃이 핀 화초와 새가 그려져 있다. 삽병 뒤에는 파초
(芭蕉)가 있다. 파초는 잎이 넓어서 신선(神仙)의 분위기와
함께 부귀를 나타내고, 그 푸른색은 곧은 선비의 기개를 상
징하며, 불에 타도 속심은 다시 살아난다 하여 강한 생명력
을 뜻하기도 한다.

삽병에 꽃이 그려져 있고 야외에서 책을 읽으니 계절
은 봄이나 초여름쯤 될까. 탁자 위에 앉아 책을 무릎에 두고
오른손으로 책을 받치며 왼손으로 책장을 다스린다. 왼손

검지로 글자를 짚으며 읽어 내려간다. 두 눈은 책을 향해 지긋이 내려 보며 집중한다. 한 자 한 자 짚으며 소리 내어 읽는 중일까. 병풍 그림의 새는 두 마리가 아니라 한 마리. 어쩌면 여인은 남편을 잃은 처지일지도. 병풍의 새는 책 읽는 여인의 등 뒤에서 책 읽는 소리를 듣고 있는 듯.

여인의 표정이 편안해 보인다. 마음을 격동시키는 내용의 책이나 정신의 나태를 깨부수는 책, 새롭고 놀라운 지식으로 독자를 뒤흔드는 책은 아닌 듯하다. 온전한 휴식으로서의 독서, 일상의 고단함에서 잠시나마 멀어져 긴장을 풀게 해주는 독서다. 정신의 날을 벼리는 것만이 독서의 효용이나 목적이 아니다. 마음의 결을 한가로이 고르는 것 역시, 아니 그것이야말로 독서의 진정한 기쁨일 수 있다.

그림을 그린 윤덕희(1685~1776)는 아버지 윤두서(1668~1715), 아들 윤용(1708~1740)과 함께 3대에 걸쳐 화가 집안을 이루었다. 윤덕희는 초년에 서울 회동(會洞)에 살았고 중년에는 해남에 살며 서화를 수련했다. 벼슬 하다 만년에 해남으로 낙향했지만 한쪽 눈이 멀어 그림 그리는 데 힘 쏟지는 못하였다. 파초는 우리나라에서 제주도를 비롯한 남부 지역에 주로 분포했으니 이 그림은 중년기 해남 시절에 그린 것일 수도 있겠다.

독서하는 여인

윤덕희, 18세기, 비단에 색,
20×14.3cm, 대한민국 서울대학교박물관

글을 읽고 쓰는 문자 생활을 지배 계층 남성이 사실상 독점한 조선에서, 여성이 책을 읽고 글을 쓸 수 있었던 것은 언문(諺文), 즉 한글 덕분이었다. 이 그림이 그려진 18세기 조선에서는 세책(貰冊) 소설이 유행했다. 전문적으로 세책하는 가게들도 성업 중이었다. 세책은 필사한 책을 돈을 받고 빌려주는 일, 즉 도서대여업이다. 세책을 통하여 사대부 집안 여성들은 한글로 번역되거나 쓰인 소설 읽기에 탐닉하였다.

정조 시대의 대표적인 정승 채제공이 《어제여사서(御製女四書)》 서문에서 말한다. 《여사서(女四書)》는 여성의 부덕(婦德)을 강조한 중국의 네 가지 문헌을 모은 여성 수신(修身) 책으로, 조선에서는 1736년 영조 때 한글로 풀어 해설한 언해본이 간행됐다.

최근 여자들이 서로 다투어 패설(소설)을 숭상한다. 패설은 날로 증가하여 그 종수가 헤아릴 수 없이 많아졌다. 세책집에서는 이를 깨끗이 필사하여, 빌려 보는 자가 있으면 그 값을 받아 이익을 취한다. 부녀들이 식견이 없어 혹은 비녀나 팔찌를 팔고 혹은 동전을 빚내어 서로 다투어 빌려다가 긴 날을 소일하고자 하니, 음식이나 술을 어떻게 만드는지 잊고, 베 짜는 임무에 대해서도 모르게 되었다.

정조 때 규장각에서 일한 박학다식한 학자 이덕무도 《사소절(土小節)》에서 18세기 중후반 여성의 독서를 말한다.

한글로 번역한 전기(인물 소설)에 빠져 읽으면 안 된다. 집안일 팽개치고 여자가 해야 할 일을 게을리 해서는 안 된다. 심지어 돈 주고 그것을 빌려 보면서 깊이 빠져 그만두지 못하고 가산을 탕진하는 자까지 있다. 더구나 그 내용이 모두 투기와 음란한 일이어서 부인의 방탕함과 방자함이 거기서 비롯되기도 한다. 간교한 무리들이 남녀 애정이나 기이한 일을 늘어놓아 선망하는 마음을 충동시키는 것이 아니고 무엇이겠는가.

그림 속 여인은 채제공과 이덕무가 비판한 소설을 읽는 중일까? 아니면 전통적인 여성 수신서 《여사서》를 읽는 걸까? 윤덕희는 신선(神仙) 사상에 관심이 많아 그림을 그리면서 신선도(神仙圖)를 활용하곤 하였다. 그런 윤덕희가 유교 도덕에만 갇혀 집안 여성의 소설 독서를 엄격히 금하지는 않았을 듯. 더구나 그 자신이 소설 애독자였다. 그의 유고집 《수발집(溲勃集)》에 실린 글 〈소설경람자(小說經覽者)〉

에는 소설 제목 127종이 나온다.

부모와 생이별한 처지로 술집에서 생활하는 여성과 지배 계층 가문의 촉망받는 남성. 이 둘의 러브라인이 갖은 어려움 속에 펼쳐지다가 해피엔딩에 이르는 이야기. 요즘 여느 TV 주말 드라마와 크게 다르지 않은 이야기. 도교의 신적(神的) 존재들이 중요한 역할을 하는 이야기. 《숙향전(淑香傳)》이다. 그림 속 여인은 지금 주말 드라마, 아니 소설 《숙향전》을 '시청하는 중'이 아닐까. 50부작 정도로 방영함 직한 그 줄거리는 이렇다.

중국 송나라에 김전이라는 사람이 장씨 부인과 함께 살았더랬다. 늦도록 자식이 없어 근심하던 차, 명산대천(名山大川)에 기도하여 딸 숙향을 얻지만 전란이 일어나 피란길에 숙향을 잃어버린다. 숙향은 우여곡절 끝에 장승상댁 수양딸이 되어 자라나지만, 집안 여종의 모함으로 도둑으로 몰린 끝에 쫓겨난다. 숙향은 강물에 몸을 던졌지만 용녀에게 구출되고, 불에 타죽을 위기에서 화덕진군에게 구출된다.

목숨은 겨우 건졌지만 걸식하며 떠돌던 숙향은 술 파는 마고할미와 함께 생활한다. 숙향은 어느 날 자신이 선녀가 되어 하늘에서 노니는 꿈을 꾼다. 그 꿈을 수놓자 할미가 그것을 시장에 내다 판다. 수를 산 장사꾼은 이선을 찾아가

수에 넣을 시를 써 달라 부탁한다. 이선은 아름다운 수를 보고 크게 놀라 마고할미를 찾아간다. 이선의 고모인 여부인의 도움으로 이선과 숙향은 가약을 맺는다.

그림 속 여인이 바로 이 대목을 읽고 있는 게 아닐까. 하지만 이것으로 해피엔딩이 아니다. 연속극의 묘미는 거듭되는 반전 아니던가. 어쩌면 여인이 손에 든 책에는 여기까지만 적혀 있을지도 모를 일이다. 그렇다면 여인이 책을 다 읽자마자 할 일은 정해져 있다. 책을 빌려주는 세책업자에게 사람을 보내는 것. 주말 드라마의 다음 회를 손꼽아 기다리는 마음이다.

책 읽기의 고통과 행복 사이

어수선하게 차려입은 늙은 서치(書癡), 책벌레 남성이 왼쪽 팔에 책 한 권을 끼고 다리 사이에도 아슬아슬하게 책을 낀 채 사다리 위에 섰다. 오른손으로도 책을 들었고 왼손으로 책을 펴든 채 몰두하여 읽는다. 그야말로 사지(四肢)가 다 책투성이다. 웃옷 주머니에서 삐져나와 길게 흘러내린 손수건의 꼴이라니. 개인 도서관의 전체적인 꼴도 퇴락했다. 장식은 화려하나 결코 빛나지는 않는다. 이 도서관 자체가 한 권의 낡고 오래된 책 같다.

이 그림이 그려진 때는 유럽 각국을 휩쓴 1848년 혁명으로부터 2년 뒤. 안정된 것 같았지만 속으로는 온갖 모순이

곪아가던 세상은 혁명의 열기와 충격으로 크게 뒤흔들렸다. 그림 아래쪽 왼편의 먼지 낀 지구본은 멈춰서 돌지 않지만 세계는 끊임없이 움직이고 변화한다. 책벌레 노인은 그 변화와 담을 쌓고 도서관과 책 속으로 더욱 깊이 파고들기만 한다.

바깥세상의 소용돌이에는 무관심한, 아니 억지로 무관심하려 하는 책벌레는 과거의 지식에 침잠할 뿐이다. 부드러운 빛줄기가 들어와 서가의 일부를 비추며 책벌레 노인의 긴 그림자가 드리워지지만 그마저 조락(凋落)의 빛으로 느껴진다. 세상을 보라고 비추는 빛이건만 책벌레에게는 다만 낡은 책의 글자를 되짚는 데에만 소용이 닿는다.

서가의 높이가 얼마나 될까? 도서관 바닥이 보이지 않으니 가늠하기 어렵지만 대단히 높은 것만은 분명하다. 오래된 지식의 권위를 붙잡고자 하는 책벌레 노인의 위치는 바닥에서부터 매우 높지만 그만큼 위태롭다. 현실과 책 사이의 거리라 할까. 아니나 다를까. 노인이 살피는 서가 위에는 '형이상학(Metaphysik)'이 새겨진 명판(名板)이 붙어 있다. 낡고 오래된 전통 형이상학의 권위 안에서 숨 쉬고자 하는, 아니 비로소 숨 쉴 수 있는 노인.

노인이 형이상학 노트를 정리하다가 확인할 것이 있

책벌레

카를 슈피츠베크, 1850년, 캔버스에 유채,
49.5×26.8cm, 독일 게오르크샤퍼박물관

어 사다리에 올랐다 하자. 노트를 펼쳐 보며 이 책 저 책 필요한 것들을 서가에서 뽑는다. 라이프니츠의《형이상학 논고》(1686년경)를 먼저 다리 사이에 끼워놓고 니콜라우스 쿠자누스의《박학한 무지》(1440)를 왼팔 겨드랑이에 끼운 뒤, 조르다노 브루노의《무한자와 우주와 세계》(1584)를 꺼내 왼손으로 들고 읽는다. 몇 권 더 뽑아들고 싶지만 더 이상은 어려운 게 못내 아쉽다. 노인의 독서는 매번 이런 식이다. 몸에 지닌 책들의 위치를 바꿔가며 사다리 위에서 한참을 읽는다. 몸 자체가 하나의 서가인 듯, 책으로 저글링이라도 하는 듯.

이렇게 세상과는 담을 쌓고 지나치게 책을 읽거나 공부하는 데만 열중하는 사람을 놀림조로 책벌레라 이른다. 전통 동아시아에서는 서광(書狂), 서치(書癡), 서음(書淫), 서전(書癲) 등으로 일컬었다. 서양에서는 서적광, 애서광 등으로 풀이되는 비블리오마니아(bibliomania)라는 말이 널리 쓰였다. 이 말은 영국 의사 존 페리어가 처음 만들어 썼고, 1809년 토머스 딥딘이 펴낸《비블리오마니아 또는 서적광(bibliomania; or Book Madness)》이라는 책을 통해 널리 퍼졌다.

오늘날 널리 쓰이는 말 북웜(bookworm)은 실제로 책이나 종이에 서식하는 작은 벌레를 뜻하기도 한다. 대표적으로 먼지다듬이벌레가 있다. 따뜻하고 습한 환경을 좋아하는 벌레로 사람에게 특별한 해를 끼치지는 않는다. 다만 알레르기 증상을 유발시키거나 아토피 환자를 괴롭힐 수는 있다. 책벌레보다는 곰팡이가 책을 훼손하는 주범이며, 책벌레는 곰팡이를 먹고 산다.• 책벌레는 동서고금을 가리지 않는다.

목멱산(남산) 아래에 한 바보가 사는데 어눌하여 말을 잘하지 못한다. 성품이 게으르고 서툴러서 시무(時務)를 모르고, 바둑이나 장기 따위의 잡기도 할 줄 모른다. 남들이 욕을 해도 따지지 않고 칭찬을 해도 우쭐하지 않으며, 오직 책 보는 것을 낙으로 삼아서 추위와 더위, 굶주림과 병에도 전혀 아랑곳하지 않는다.

그는 어린아이 적부터 시작하여 스물하나가 되도록 하루도 손에서 책을 놓아본 일이 없다. 그의 방은 지극히 협소하다. 하지만 동쪽에도 창이 있고 남쪽에도 창이 있고 서쪽에도 창이 있어, 동쪽에서 떠서 서쪽으로 기우는 해를 쫓아가며 햇볕 아래서 책을 읽는다. …(중략)… 그가 내뱉는 소리는 갈가마귀가 우는 것과도 같다. 어떤 때에는 조용하게 아무 소리도 없다가 눈을 둥그렇게 뜨고 어딘가를 뚫어지게 보기도 하며, 어떤 때에는 꿈속을 헤매기라도 하듯 혼잣말로 중얼거린다. 사람들은 그를 책만 보는 바보, 간서치

(看書痴)라고 손가락질한다. 그 역시 그 별명을 기쁜 마음으로 받아들인다. **

　　책을 안식처에 비유하기도 한다. 마치 '사람들 사이에 책이 있다. 그 책에 가고 싶다'는 것처럼. 그렇다면 책은 하나의 도피처이거나 망명지일 수도 있다. 적지 않은 사람이 책을 통하여 반드시 새로운 것을 깨우치고 받아들이며 앞으로 나아가야 한다는 강박 같은 것을 느끼는 것도 같다. 책이란, 독서란 반드시 그러해야 하는가? 책 읽기가 꼭 모험이어야 하는가? 카프카의 말대로 책이란 우리의 머리, 지성, 생각을 '도끼로 깨부수는' 것이어야만 하는가?

　　카를 슈피츠베크는 책벌레 노인을 점잖게 조롱하고 있지만, 과연 노인은 조롱받아 마땅한 걸까? '세상을 바꾼 책'이니 '세계를 움직인 책'이니 하는 표현이 있다. 현실을 움직이고 세상을 바꾸는 책, 그런 책의 혁명성을 강조하는 말이지만 그것은 책의 일리(一理), 하나의 이치일 뿐 그 전체가 아니다. 세상과 나 사이 높은 담이 되어주는 것, 세상의 소란을 잊게 만들어주는 것 또한 책의 엄연한 일리다.

　　평론가 김현이 말했다. "책 읽기가 고통스러운 것은, 책 읽기처럼 세계를 살 수 없기 때문이다." 이 말을 이렇게 바꾸고 싶다. "책 읽기가 행복한 것은, 책 읽기처럼 세계를 살지 않아도 되기 때문이다."

책 읽기의 고통도 행복도 세계와 책 사이 결코 건널 수 없는 간격에 있다. 그 간격의 사다리 위에 선 책벌레 노인은 지금 더 없이 행복하다. 그것으로 충분하다.

● 《권오길이 찾은 발칙한 생물들》, 권오길 지음, 을유문화사, 2015.
●● 《문장의 품격》, 이덕무의 〈책벌레의 전기〉, 안대회 지음, 휴머니스트, 2016.

뉴턴의 메아리를 읽다

　　군주국에서 왕위 계승 다툼은 어느 나라에서나 치열
하고 복잡하며 또 때로는 흥미롭다. 청교도혁명, 왕정복고,
명예혁명이 이어진 17세기 중후반 영국이 특히 그러했다.
고등학교 세계사 수업에서 암기할 사항이 많은 시기이기도
하다. 예컨대 이런 까다로운 문제를 내기 적당하다. '사건들
이 시대순으로 올바르게 연결된 것을 고르시오.' '영국 국왕
들이 재위 순서대로 올바르게 연결된 것을 고르시오.'

　　두 문제 정답을 밑줄 치고 외우려면 이렇게. 찰스 1세
(청교도혁명), 찰스 2세(아들·왕정복고), 제임스 2세(아들·명예
혁명), 윌리엄 3세(외손자·아내 메리 2세와 공동 즉위). 찰스 1세

는 청교도혁명으로 1649년 처형당했다. 찰스 1세의 장남 찰스 2세가 망명 생활 끝에 귀국하여 1660년 왕위에 올랐다. 왕정복고다. 뒤이어 찰스 2세의 동생 제임스 2세가 왕이 됐으나 1688년 명예혁명이 일어나 프랑스로 망명했다.

제임스 2세의 뒤를 이어 윌리엄 3세가 아내 메리 2세와 함께 1689년 공동 즉위, 1702년까지 통치했다. 윌리엄 3세는 찰스 1세의 외손자이자 제임스 2세의 사위다. 유럽 왕실 대부분이 그렇듯 족보가 꼬였다. 윌리엄 3세 입장에서 제임스 2세는 외삼촌이자 장인. 윌리엄 3세와 아내 메리 2세는 사촌 간이다.

우여곡절의 세월은 17세기로 마감되지 못했다. 프랑스로 망명하여 사망한 제임스 2세와 그 자손에 왕권의 정통성을 두는 이들이 있었다. 이들을 재커바이트(Jacobite)라고 한다. 제임스의 라틴어 명칭 야코부스(Jacobus)에서 유래한 이름이다. 이들은 프랑스의 도움을 받아가며 윌리엄 3세를 암살하려 하거나, 제임스 2세의 손자 찰스 에드워드 스튜어트를 옹립하려 하는 등 18세기 중반까지 다양한 방법으로 침공과 반란을 꾀했다.

찰스 에드워드 스튜어트는 1745년 8월 재커바이트 군대를 이끌고 스코틀랜드에 상륙하여 에든버러를 점령하고 남쪽으로 진군했으나 1746년 4월 16일 컬로든 전투에서 참패하여 영국을 떠나 프랑스에 머물렀다. 찰스는 영국, 프랑스, 로마 교황청 사이 외교 관계에서 골칫거리가 되었다. 찰스는 곤궁한 처지에서도 교황청과 프랑스 당국에 늘 당당히 도움을 요구했다.

찰스는 1749년 2월 25일 교황령 아비뇽(1791년 프랑스에 통합됨)을 떠나 3월에 본래 지내던 파리로 갔다. 이제 그림 속 여인 엘리사베스 페랑(1700~1752)이 등장할 차례다. 페랑은 자신과 친분이 깊은 탈몽 공작부인 마리아 루드비카 야블로노브스카와 함께 찰스를 수녀원과 자신의 집에 머물게 하여 안전을 확보해주었다. 당시 탈몽 공작부인은 찰스와 연인 관계를 맺고 애정 행각을 벌였다. 두 사람 모두 이성(異性) 편력이 대단했다.

책이 나오는 그림에서 어떤 책인지 비교적 분명하게 추정할 수 있는 드문 경우다. 아이작 뉴턴이 1687년에 내놓은《자연철학의 수학적 원리》, 줄여서《프린키피아》일 것이다. 페랑 부인은 살롱을 운영하며 문예계 인사들, 지식인들과 자주 어울렸다. 그렇다 해도 페랑 부인이 이 까다로운 수학·물리학·천문학 책을 읽고 그 내용에 관해, 또 제목대로 뉴턴에 관해 생각했을까? 설령 페랑 부인이《프린키피아》를

뉴턴을 생각하는 페랑 부인
모리스 켕탱 드 라 투르, 1752년경, 종이에 파스텔,
73×60cm, 독일 알테피나코테크미술관

읽지 않았더라도 그것에 관해 생각하는 것은 또 하나의 독
서, 책의 메아리를 듣는 독서일 수 있다.

책을 읽었다고 하는 경우, 사람들이 독서라는 말을 정
확히 어떤 뜻으로 사용하는지에 관심을 갖는 게 중요
하다. 사실 이 독서라는 말은 아주 상이한 여러 가지
의미로 쓰일 수 있다. 반대로, 분명히 읽지 않은 책이
라고 해서 그 책들이 우리에게 이런 저런 영향을 미치
지 않는 것은 아니다. 그런 책들도 메아리를 통해 우
리에게 영향을 미친다.[*]

'책장을 보면 그 사람을 알 수 있다'고도 했다. 우리나
라 최초의 근대적 장편소설 이광수의《무정》에 나오는 경성
학교 영어교사 이형식의 책장이다.

남들이 기생집에 가는 동안에, 술을 먹고 바둑을 두는
동안에, 그는 새로 사온 책을 읽기로 유일한 벗을 삼
았다. 그래서 그는 붕배(朋輩) 간에도 독서가라는 칭찬
을 듣고, 학생들이 그를 존경하는 한 이유도 그의 책
장에 자기네가 알지 못하는 영문, 독문의 금자 박힌
것이 있음이었다.

학생들이 형식의 책장을 살피며 그러했듯이 책장을 통해, 책장에 꽂힌 책을 통해 그 주인을 짐작할 수 있다.

거실 한편에 보통 사람 키를 훌쩍 넘는 육중한 느낌의 책장. 1960년대부터 이러한 책장이 우리나라 중산층 이상 가정의 익숙한 풍경이 됐다. 책장 풍경으로 자기를 돋보이려는 '과시적 교양주의'다. 당시 각종 전집이 인기를 모은 배경으로, 도시 중산층 가정 거실이나 고위직 사무실의 장식용 수요를 들기도 한다.

고화질 대형 TV가 거실의 왕좌를 차지한 오늘날이다. 어떤 TV가 있는지 보면 그 사람을 알 수 있을까? 그 사람이 돈이 많다는 것 정도? 그렇다면 차라리 '과시적 교양주의'가 나은 면도 있지 아니한가. 양주(洋酒)를 여보란 듯 즐비하게 넣어놓은 장식장보다는 하드커버 전집을 정연하게 꽂아둔 책장이 낫지 아니한가.

'뉴턴을 생각하는' 자신을 그려달라 주문하고 뉴턴의 저서를 옆에 두고 포즈를 취한 페랑 부인. 비록 그것이 자신의 교양 수준을 과시하기 위한 그야말로 포즈에 불과했을지라도, 그 '교양적 포즈'를 취하려는 생각이 또 하나의 교양, 속물성을 담고 있을지라도 일종의 교양적 커뮤니케이션이

라 볼 수 있지 않을까. 술잔은 비워야 맛이라지만 책은 반드
시 읽어야만 맛이 아니다.

● 《읽지 않은 책에 대해 말하는 법》, 피에르 바야르 지음, 김병욱 옮김, 여
름언덕, 2008.

그녀가 눈을 크게 떴다

소포니스바 앙귀솔라는 자화상을 많이 그렸다. 앙귀솔라가 펼쳐 쥔 책의 오른쪽 페이지에 쓰인 문장의 뜻은 이렇다. '혼인하지 않은 처녀 자신이 그린 소포니스바 앙귀솔라 1554.' 그림에 남기는 서명 구실만 생각한다면 이름을 그려 넣는 것으로도 충분하다. 그럼에도 굳이 '혼인하지 않은 처녀 자신'이라는 점을 밝혔다. 혼인하지도 출산하지도 않았다는 것, 결코 한 남성이나 아이에게 속하지 않았다는 것. 자유롭고 독립된 한 인간이라는 것.

앙귀솔라가 그린 자화상 8점 가운데 1550년 자화상에선 종이, 펜을 들었다. 1554년의 다른 자화상에서는 건반 악

84

기 앞에 앉아 있다. 1556년 자화상에서는 그림붓을 들고 있다. 다른 1556년 자화상에서는 문장(紋章) 메달을 들었다. 메달에는 이런 뜻의 라틴어 문구가 그려져 있다. '그 자신의 손으로 그린, 처녀 소포니스바 앙귀솔라. 크레모나에서.' 1554년 자화상에서와 비슷한 '인간 선언'이 엿보인다.

1610년 마지막 자화상에서는 왼손으론 작은 책, 오른손으론 종이를 쥐고 있다. 글 쓰고 책 읽고, 연주하고, 그릴 줄 아는 여성. 앙귀솔라는 16세기는 물론 이후로도 오랜 세월 매우 드물었던, 학예(學藝)를 누리며 창작할 줄 아는 여성이었다. 그런 자의식이 여러 자화상에 드러난 셈. 그림과 글씨, 시문(詩文)에 능했던 신사임당이 떠오르기도 하지만 '그림도 그렸던' 신사임당과 달리 앙귀솔라는 자타공인, 명실상부 화가였다.

이탈리아 르네상스 시대 화가 200여 명의 삶과 작품에 관한 《미술가 열전》으로 유명한 조르조 바사리. 앙귀솔라와 같은 시대를 산 바사리는 앙귀솔라를 이렇게 평했다.

그 시대 다른 그 어떤 여성보다 더 우아한 품위를 갖추었다. 대단한 수련을 통해 회화 기술의 어려움을 극복해냈다. 드로잉, 채색, 자연의 모사(模寫)에 두루 탁

자화상
소포니스바 앙귀솔라, 1554년, 목판에 유채,
19.5×12.5cm, 오스트리아 빈미술사박물관

월했다. 다른 이의 손으로 그려진 작품을 모사하는 데
에도 완벽했을 뿐 아니라, 그 자신의 손으로 대단히
우수하고 아름다운 회화 작품을 제작해냈다.

　자화상 속 저 작은 책은 수첩 구실을 한 책일까? 수첩
용도로 내용이 빈 책을 만든 시대는 아니었다. 다만 '친구들
의 책'으로 옮길 수 있는 리베르 아미코룸(liber amicorum)이
있기는 했다. 주로 친한 친구들, 지인들이 돌려가며 백지에
메시지나 그림을 적어 넣고 돌려보는 책이었다. '르네상스
시대의 아날로그 페이스북'이었던 셈. 실제로 리베르 아미
코룸은 개인의 '소셜 네트워크'를 알리는 용도로도 쓰였다.
　저렇게 작은 크기의 책은 오래전부터 기도서나 복음
서에서 볼 수 있었다. 예컨대 8세기 초 '성(聖) 커드버스 복
음서'는 가로 9.2cm 세로 13.8cm 크기다. 적지 않은 종교화
(畵)에 작은 기도서나 복음서가 묘사돼 있다. 하지만 베네치
아에서 활동한 출판인이자 학자, 알두스 P. 마누티우스가
1501년에 내놓은 오늘날의 일반적인 판형과 비슷한 책이 사
실상 효시다. 그 전까지 책 대부분은 요즘의 큰 판형 도감(圖
鑑)류 책과 비슷하거나 더 컸다.
　마누티우스는 가로와 세로 각각 7.7cm와 15.4cm 크
기의 작은 책도 펴냈다. 낱낱으로 떨어져 움직일 수 있는 활

자, 즉 movable type에 견주어 이동시킬 수 있는 책, 'movable book'으로도 일컬어진다. 그만큼 혁신적이었다. 혁신의 동기는 제작 원가 절감. 작은 책을 만들어 제작 비용과 판매가를 낮추어 더 많은 수요를 창출했다. 외르겐 브레케의 소설 《우아한 제국》에 '마누티우스의 작은 책'이 등장한다.

> 알레산드로는 서재 문 쪽 작은 책장에 꽂힌 책들을 집게손가락으로 하나하나 쓰다듬듯 짚어나갔다. 그 책장에는 마누티우스의 작은 책들로 가득하였다. 서재와 다른 책장에는 커다란 양피지 두루마리와 여행길에서 구입한 책들로 채워져 있었다. 알레산드로는 알두스 마누티우스가 자신의 서재를 자유롭게 이용하는 대신, 마누티우스가 인쇄한 책을 언제든 빌려 봐도 좋다는 확답을 받아냈다.*

마누티우스의 고안에서 시작된 작은 책은 쉽게 가지고 다닐 수 있다는 휴대성 때문에 찾는 사람이 더욱 많아졌다. 한 곳에 사실상 고정된 크고 무거운 책을 바로 그곳에서만 읽을 수 있던 것에서, 이동 중에(mobile)도 읽을 수 있게 되었다. 작은 책은 바로 그런 독서 환경 변화를 뜻했다. 앙귀솔라는 마누티우스 덕분에 저런 책을 쥘 수 있었다.

앙귀솔라가 쥔 책에 적힌 문장에서 '처녀(Virgo)'는 자신이 결혼하지 않은 여성이라는 사실 정보와 함께, 자립적이고 독립적인 한 사람의 창작자라는 자의식을 나타낸다. 앙귀솔라는 작품 8점에 '처녀'라는 단어를 그려 넣었다. 눈여겨볼 점은 그림 속 앙귀솔라의 복장과 헤어스타일이 매우 단순간결하다는 것이다. 이에 따라 앙귀솔라의 두 눈이 우리의 눈길을 가장 먼저 끌어당긴다.

시각 매체인 미술은 두 눈에 의존한다. 그림을 그리는 화가도, 그림을 보는 우리도. 우리가 그림을 볼 때, 우리의 두 눈은 화가의 눈과 만나는 셈, 어떤 의미에선 화가의 눈을 빌린다. 그렇게 눈과 눈이 만나 하나가 되어 교감하는 순간 그림은 나에게, 우리에게 하나의 의미가 된다. 앙귀솔라의 두 눈은 그런 교감의 채널이다. 그녀의 두 눈은 우리를 초대하고 우리에게 손짓한다. '나의 눈을 통해 세상을 보지 않겠어요?'

여성의 창조성이 '자연의 기적'으로 일컬어지던 시대, 여성의 능력이 각고의 수련으로 이룩한 것이 아니라 다만 자연의 선물로 여겨지던 시대. 앙귀솔라가 우리를 바라보는 확고하고 곧바른 시선, 이 도전적 직시(直視)는 그녀가 그때까지도 그랬거니와 이후로도 수많은 어려움을 극복해나가리라는 결의다. 앙귀솔라가 말했다. "세상과 삶은 놀라움으로 가득하다. 나는 눈을 크게 뜬다. 그리고 바라본다. 그 놀라움을 포착하기 위해."

그림에서 그녀가 눈을 크게 떴다.

• 《우아한 제국》, 외르겐 브레케 지음, 손화수 옮김, 뿔, 2012.

그녀가 쓰기 시작했다

이름도 성도 알 길 없는 그림 속 여인은 무엇을 쓰고 있는 것일까? 대단히 집중한 모습이다. 화가를 위해 포즈를 취한 것이 아니라 화가가 여인이 집중한 한 순간을 포착한 것 같다. 소설이나 시를 쓰는 걸까? 일기일까? 다음과 같은 내용의 편지라 하자.

덕분입니다. 이 책을 읽을 수 있다니. 새로운 세상이에요. 집에 오자마자 읽다가 뛰는 가슴을 가누기 어려워 씁니다. 어렵게 구하셨을 텐데, 소중히 읽겠습니다. 다만 아무래도 이 책은 감춰둬야 할 것 같아요. 어디에 감출 수 있을까요? 제가 이 책을 읽는다는 걸 누군가 안다면…. 시카고에 가보고 싶어졌어요. 물론 소설 속 캐리 미버처럼은 아니지만요. 다시 뵈올 때까지, 이만.

책을 건네받은 그녀는 집에 돌아와 숄과 머플러를 벗어던지기 무섭게 책을 펼쳤다. 필라델피아 중상류층의 삶과는 전혀 다른 세계가 펼쳐졌다. 교양과 도덕과 신앙이 일상을 지배하는, 아니 적어도 지배해야 한다고 여기는 필라델피아에서의 삶과는 다른 세계. 자신의 삶을 스스로 계획할 필요도, 세상 속으로 나아가 싸울 필요도 없는 삶을 살아온 그녀다. 그런 계획과 싸움은 그녀 몫이 아니었다. 그림 속 그녀가 펼친 소설은 이렇게 시작되었다.

열여덟에 고향을 떠난 처녀는 둘 중 하나가 되기 마련이다. 도움의 손길을 만나 잘되거나, 아니면 미덕에 대한 대도시의 기준을 금세 받아들여 타락하거나. 그런 환경에서 균형을 잡고 중도를 걸을 가망은 전혀 없다. 도시는 나름의 교활한 간계들을 갖추고 있어서, 아주 약하고 인간적인 모습으로 유혹하는 사람과 다를 바 없다. 그곳에는 최고의 교양을 갖춘 사람에게서

볼 수 있는, 온 마음을 담은 표현으로 유혹하는 커다
란 힘이 있다. 아직 때 묻지 않고 촌티를 벗지 못한 상
태라면 이 초인적인 힘에 반은 홀려 넘어간다.·

　시어도어 드라이저의 첫 작품인 장편소설《시스터 캐
리》. 드라이저는 1900년 3월 말 탈고하고 유명 출판사에 원
고를 보냈지만 거절당했다. 우여곡절 끝에 다른 출판사와
계약했지만 출판사 측은 "부도덕하고 조잡하게 쓴 작품"이
라는 혹평과 함께 계약을 무효로 만들려 했다. 편집자의 개
입을 대폭 허용한 끝에 책이 나오긴 했다. 드라이저의 친필
원고에 바탕을 둔 무수정 비삭제판이 나온 것은 1980년이었
다. 초판은 1008부 가운데 456부가 팔렸다. 그림 속 그녀가
건네받아 읽은《시스터 캐리》는 바로 그 456부 가운데 하나.
　홍보 서평용으로 129부를 배포했지만 돌아온 것은 비
난뿐. 가난한 시골 여성이 도시에서 운명에 농락당하며 타
락해가는 과정을 그린 이 작품을 비평가들은 용납하지 않았
다. 반(反)도덕적이라는 딱지가 붙었다. 이 첫 작품에 심혈
을 기울였고 자신감도 높았던 드라이저는 신경쇠약 증세를
보이기 시작했다. 급기야 자살까지 결심했다. 이후 절필이
10년간 이어졌다.
　이 곡절 많은《시스터 캐리》를 읽은 그림 속 그녀는

탁자에서 글 쓰는 여인
토머스 폴록 안슈츠, 1905년경, 캔버스에 유채,
40.6×51.4cm, 개인 소장

이제 어렴풋이 품고 있던 소망 하나를 조금씩 실현해나갈 참이었다. 글을 쓰는 것, 이야기를 쓰는 것. 그녀가 써나갈 이야기는 더 이상 필라델피아의 일상에 갇혀 있지 않을 것이다. 그녀의 집안사람들은 여성이 일기나 편지 외에 '작품'을 쓴다는 것을 이해하지 못한다. 물론 여성 작가들이 아주 드물지는 않다는 사실을 그들도 알지만, 그것은 어디까지나 다른 세계의 일이었다.

> 슬프게도 펜을 드는 여성은 주제넘은 동물이라 간주되어 어떤 미덕으로도 그 결함은 구제될 수 없다네. 그들은 말하지, 우리가 우리의 성(性)과 방식을 착각하고 있다고. 교양, 유행, 춤, 옷치장, 유희 이것이 우리가 바라야 할 소양이라고. 쓰고, 읽고, 생각하고, 탐구하는 것은 우리의 아름다움을 흐리게 하고, 시간을 낭비하며, 한때의 남성 정복을 방해한다고. 반면 지루하고 굴욕적인 집안 살림이 우리의 최고 기술이자 쓰임새라고 누군가는 주장하지.**

최초의 여성 작가는 누구일까? 지금까지 알려지기로는 기원전 7세기경 희랍의 서정시인 사포다. 아홉 권 분량 시를 썼다고 하지만 전해지는 것은 몇 편 되지 않는다. 여성이 쓴 최초의 장편은 10세기 말 11세기 초에 활동한 일본의 무라사키 시키부(紫式部)가 쓴《겐지 이야기》. 서양 중세에는 12세기 후반 영국에서 활동한 프랑스 출신 작가 마리 드 프랑스가 있었다.《단시(短詩)》,《우화집》,《성(聖) 패트릭의 연옥》 등이 전해진다.

서양 근대에는 프랑스의 마담 드 라파예트가 1678년 익명으로 발표한 소설《클레브 공작부인》이 유명하다. 19세기엔 과학소설(SF)의 선구 가운데 하나로 평가받는《프랑켄슈타인》을 발표한 영국 작가, 메리 셸리가 있었다.

우리 역사에서 문집을 남긴 최초의 여성 문인은 허난설헌. 자신의 글을 불태우라 유언했지만 동생 허균이 누이의 작품을 모아《난설헌집》을 펴냈다. 우리 근대 여성 작가가 쓴 최초의 문학작품은 김명순의 단편〈의심의 소녀〉다. 1917년 잡지〈청춘〉의 현상 모집 3등 입상작이다. 여성이 발표한 최초의 근대 장편소설은 박화성이 1932년 동아일보에 연재한《백화(白花)》다.

글쓰기에 놀라운 자질을 가진 여성조차 책을 쓰는 것은 우스꽝스러운 일이며 더욱이 정신이 분열되었음을 보여주는 것이라고 믿었다는 사실을 발견할 때, 우리는 여성의 글쓰기에 대해 만연한 적대감의 정도를 측

정할 수 있습니다. **

버지니아 울프가 《자기만의 방》을 발표한 해는 1929
년. 미국 화가 토머스 폴록 안슈츠가 이 그림을 그린 것은
1905년경. 여성 작가들이, 아니 여성들이 '자기만의 방'을
갖추고 자기만의 창조적 활동에 전념할 수 있는 시대가 아
니었다. 그림 속 그녀가 글쓰기에 몰두하고 있는 방은 '자
기만의 방'인 듯도 하지만, 만일 그렇더라도 '자기가 마련한
방'은 아닐 것이다. 자기가 마련한 자기만의 방을 위하여,
그녀가 쓰기 시작했다.

●　《시스터 캐리》, 시어도어 드라이저 지음, 송은주 옮김, 문학동네, 2016.
●●　《자기만의 방》, 버지니아 울프 지음, 이미애 옮김, 민음사, 2006.

샤틀레 후작 부인, 컴퍼스와 장미를 들다

살롱을 주재하는 귀족 신분으로 보이는 여성이 오른손으로 컴퍼스를, 왼손으로 꽃을 들었다. 오른쪽 뒤에는 천체의 위치와 운행을 구현한 천문학 도구가 있고 그 아래 책과 문서가 펼쳐져 있다. 귀부인의 초상화치고는 이상한 조합이다. 그림 속 여성의 이름은 에밀리 뒤 샤틀레, 곧 샤틀레 후작 부인이다. 에밀리는 18세 때인 1725년 34세 샤틀레 후작과 결혼했다. 이들 사이에 세 아이가 태어났지만 막내는 태어난 지 한 해 뒤 세상을 떠났다.

에밀리는 지적 능력이 뛰어난 영재였다. 여성이 공식

적인 교육을 받을 수 없는 시대였지만, 10대 초반부터 라틴
어, 희랍어, 이탈리아어, 독일어 등을 익혔고 수학, 과학, 철
학을 공부했다. 남장을 하고 남성의 공간인 커피하우스에
드나들거나 책 살 돈을 마련하기 위해 도박에 뛰어들어 돈
을 따는 등 행동이 남달랐다.

19세기 초 프랑스에서 발간된 여성을 찬양하는 팸플
릿에는 에밀리의 아주 어린 시절 일화가 나온다. 집안 하인
이 에밀리에게 나무로 만든 분할 컴퍼스에 옷을 입혀 인형
을 만들어주었다. 그러자 에밀리는 인형, 그러니까 분할 컴
퍼스에서 옷을 벗겨내고 그 본래 용도대로 원을 그리고 작
도(作圖)를 하는 데 열중했다는 이야기.

에밀리는 계몽사상가 볼테르의 연인이자 후원자이며
학문적 반려였다. 이들은 1734년부터 함께 지내면서 2만 권
넘는 장서를 갖추고 과학과 수학을 함께 연구하고 집필했
다. 에밀리의 저술로 《발화(發火)의 본질과 그 확산에 관한
논고》, 《물리학 수업》, 《행복론》 등이 있다.

에밀리의 가장 유명한 업적은 라틴어로 쓰인 뉴턴의
《자연철학의 수학적 원리》, 즉 《프린키피아》를 프랑스어로
번역하고 주석을 작성한 것이다. 그의 사후 10년 뒤인 1759
년에 출간됐다. 이후 에밀리의 번역은 《프린키피아》 표준 프
랑스어판으로 평가받았다.

샤틀레 후작 부인 초상

마리안 루아르, 1748년경, 캔버스에 유채,
118×96cm, 프랑스 보자르미술관

내가 왕이 된다면, 인류의 절반을 봉인하는 악습을 뜯
어고치겠다. 나는 여성도 인간의 모든 권리를, 무엇보
다도 배움의 권리를 누리게 할 것이다.*

에밀리는 행복에 관해서도 이렇게 말했다.

여성이 명예를 추구할 수 있는 매우 적절한 수단, 바
로 학문이야말로 다른 사람들에게 휘둘리지 않을 수
있는 행복의 원천이다.

에밀리는 학문적 포부가 무척이나 컸고 실제로 뛰어
난 과학자였지만 여성에 대한 편견에 시달려야 했다. "당신
은 아름다우니 인류의 절반은 당신의 적이 될 것이오. 당신
은 영리하니 사람들이 당신을 두려워할 것이오. 당신은 남
을 잘 믿으니 사람들에게 배신당할 것이오." 볼테르가 에밀
리에게 쓴 편지의 한 구절이다. 철학자 칸트가 볼테르의 예
언이 실현되었다는 걸 보여준다. 칸트는 이렇게 말했다. "샤
틀레는 고상한 기품을 좀 더 돋보이게 하려고 턱수염을 기
르고 있을지도 모를 일이다."

에밀리는 1748년 시인이자 장교였던 10살 연하의 장

프랑수아 드 생랑베르와 사랑에 빠진 끝에 원치 않는 임신을 하게 되었다. 더구나 《프린키피아》 번역과 주석 작업에 몰두하는 시기였다. 심적, 신체적 고통 속에서도 에밀리는 작업을 이어나갔다. 1749년 9월 1일 드디어 번역 원고를 완성하여 왕립도서관 관장에게 보낼 수 있었다. 사흘 뒤 9월 4일 아이를 출산했다. 감염증이 빠르게 악화된 끝에 에밀리는 9월 10일 42세 나이로 세상을 떠났다. 이때 태어난 딸은 20개월 뒤 사망했다.

그림 속 에밀리가 쥐고 있는 컴퍼스는 에밀리가 과학자라는 것, 그가 '기하학의 정신(esprit géométrique)'을 갖춘 인물이라는 것을 보여준다. 기하학적 방법처럼 몇 개의 원리에서 출발하여 체계적으로 논증해나가는 합리적 정신이다. 에밀리가 왼손으로 든 꽃은 그가 '섬세의 정신(esprit de finesse)'을 갖춘 이라는 것을 보여준다. 일상적으로 접하는 복잡하고 다양한 일과 사물을 이성적 추리가 아니라 단번에 직관적, 정감적으로 파악하는 능력이다.

초상화를 그린 마리안 루아르는 부유한 귀족들 사이에서 각광받았다. 그가 그린 것이 확실한 초상화가 10점 전해진다. 마리안 루아르의 삶에 관한 자료는 드물다. 화가 장

프랑수아 드 트로이 문하에서 그림을 공부했고 로마와 남부 프랑스에 머문 적도 있었다. 1762년 마르세유 미술아카데미 회원으로 선출됐다. 마르세유 미술아카데미는 파리와 다르게 회원 선출에서 여성을 차별하지 않았다.

세상을 떠나기 한 해 전인 1748년 어느 날 에밀리는 마리안 루아르 앞에서 포즈를 취했다. 자신의 서재 겸 연구실이었을 것이다. 꽃을 들고 포즈 취하는 이들은 많았지만 컴퍼스를 든 여성을 그리는 건 처음이었을 터. 하지만 루아르는 전혀 이상하게 여기지 않았으리라. 다른 이가 아닌 에밀리 뒤 샤틀레가 아닌가. 그림 속 책과 문서를 에밀리의 유고가 된《프린키피아》와 그 번역 원고로 보고 싶다.

에밀리는 부유한 귀족 집안에서 태어난 자신의 처지를 남다른 지적 능력을 펼치는 데 유감없이 활용했다. 지식을 추구하는 데에도, 욕망을 따르는 데에도, 사랑을 좇는 데에도 거침이 없었다. 과학 지식을 취미로 즐기는 것에서 더 나아가 실제로 과학을 연구하여 업적과 저술을 남기며 번역도 했다는 것. 자신이 할 수 있는 것이면 해내고야 마는 여성, 아니 인간이었다.

● 《두뇌는 평등하다》, 론다 쉬빈저 지음, 조성숙 옮김, 서해문집, 2007.

'여류'는 없다. 인간이 있을 뿐

　　이탈리아 출신 프랑스 작가 크리스틴 드 피장은 프랑스 최초의 여성 전업 작가, 즉 문필로 생계를 유지한 여성으로 일컬어진다. 의사이자 점성술사인 아버지와 베네치아 정부 관리의 딸인 어머니 사이에서 태어났다. 아버지가 프랑스 국왕 샤를 5세의 초청으로 궁정 의사가 되면서 1369년경 프랑스로 이주했다. 아버지는 크리스틴에게 문학과 천문학 지식을 가르쳤다.

　　크리스틴은 1380년, 그러니까 16세 때 아홉 살 연상의 성실하고 학식을 갖춘 에티엔 뒤 카스텔과 혼인했지만 크리스틴이 25세 때 남편은 전염병으로 세상을 떠났다. 크리스틴에게 남겨진 것은 자녀 세 명, 친정어머니, 조카딸이었다. 아버지와 남편이 남긴 유산은 없었다. 크리스틴의 당시 심경은 이러했다.

> 사랑하는 이 갑자기 여의고 혼자 되었네/ 친구도 주인도 없이 나는 혼자네/ … 어찌할 바 전혀 모르고 나는 혼자네/ 친구도 없이 이토록 외롭게 나는 혼자네.*

크리스틴은 마음을 다잡으며 역사, 과학, 문학서를 집중적으로 읽고 공부했다. 공부에 그치지 않고 직접 글을 쓰겠다는 의욕을 품었다.

> 자녀를 출산한 여자가 태어난 아이의 울음소리를 듣자마자 자기의 고통을 잊어버리는 것과 마찬가지로, 너도 네 저작의 목소리를 듣는 순간 네 노동의 간난신고를 잊어버릴 것이다.*

글 쓰는 것만으로 생계를 유지하기란 예나 지금이나 어렵다. 크리스틴은 귀족들의 재정 지원을 받기도 했지만 궁정 서기 또는 도서관 필경사로 일하며 생계를 이었다. 1400년경부터 작가로서의 명성은 외국에까지 널리 알려졌

크리스틴 드 피장의 《숙녀들의 도시》 삽화

작자 미상, 15세기,
프랑스 국립도서관·영국 대영도서관 등

지만, 남성 중심적 편견에 적잖이 시달려야 했다. 크리스틴의 작품이 여성이 쓴 것일 리 없다고 여기면서 학자나 성직자에게 돈을 주고 대필시켰다는 비방도 나돌았다.

　그의 저서 가운데 《숙녀들의 도시》는 페미니즘의 선구 가운데 하나로도 평가받는다. 이 그림은 《숙녀들의 도시》 15세기 사본의 채색 삽화 가운데 하나다. 《숙녀들의 도시》에서 크리스틴은 여성을 혐오하고 결혼도 혐오하는 내용의 《마테올루스의 탄식》(13세기 말)을 읽으며 심란해하다가 깜박 잠이 든다. 삽화에 묘사된 크리스틴 바로 앞에 놓인 책이 《마테올루스의 탄식》이라 하겠다. 그런 크리스틴 앞에 이성, 공정, 정의의 여신이 나타난다.

　여신들은 각각 거울, 자, 저울을 들고 있다. 여신들은 크리스틴에게 전혀 심란해할 필요가 없다는 것을 일깨워주고, 여성에 대한 공격에서 여성을 보호해주는 철옹성 같은 책을 쓰도록, 그러니까 '숙녀들의 도시'를 건설하도록 신이 크리스틴을 선택했다는 것을 알려준다. 자신들이 건설을 도와주겠다는 것이다. 크리스틴은 세 여신을 따라 어느 곳에 이르러 '숙녀들의 도시'를 건설하면서 여신들과 대화한다. 삽화 오른쪽 장면이다.

　크리스틴은 여성의 지식이 더 적은 이유에 대해 '이성

의 여신' 입을 빌려 이렇게 말한다.

> 공중(公衆)이 여자에게는 남자가 수행하도록 위임받는
> 일들을 다루라고 요구하지 않기 때문이다.●

이성의 여신은 또 이렇게 말한다.

> 딸을 아들과 마찬가지로 학교에 보내는 습관이 확립
> 되었고, 딸도 자연과학을 배울 수 있게 된다면 딸도
> 예술과 학문의 모든 세부 내용을 아들처럼 철저히 익
> 힐 것이다.●

'숙녀들의 도시'라는 발상 자체가 당시로서는 획기적
이다. 중세 숙녀들은 도시 이전에 '자기만의 방'을 가질 수
있었을까? 이른바 규방(閨房)이 있긴 했지만 그것은 어디까
지나 가부장적 질서에 헌신하기 위한 공간이지, 여성만의
독립성이나 자유가 보장되는 곳은 아니었다. 이런 면에서
볼 때도 크리스틴은 이례적이었다.

그가 남편 없이 독립적으로 살았던 이유 때문이기도
하겠지만 크리스틴은 자기만의 서재에서 읽고 썼다. 저서
사본 삽화에서 크리스틴은 홀로 책상에 앉아 펜과 나이프를

들고 글 쓰는 모습으로 자주 묘사된다. 크리스틴 드 피장은 독립적이고 자유롭게 지적 작업을 하는 공간을 갖춘 최초 여성이었는지도 모른다. 그가 남다른 지적 생산성을 보여준 것도 부분적으로는 작업 공간 덕분이지 않았을까. 가부장적 이고 남성 중심적인 공간의 위계에서 벗어남으로써 그는 지 적으로 자유로워질 수 있었다.

문학계는 물론 거의 모든 분야에서 활동하는 여성들 이 '여류(女流)'로 일컬어지던 시대가 있었다. 여성 작가가 '여류 작가'로, 여성 작가의 문학 활동과 작품을 '여류 문학' 으로, 미술계에서는 여성 화가를 '여류 화가'로, 바둑계라면 여성 기사를 '여류 기사'로 지칭했던 것. 국어사전에 따르면 여류는 '어떤 전문적인 일에 능숙한 여자를 이르는 말'이다. 그러나 '어떤 전문적인 일에 능숙한 남자를 이르는 말'로서 의 남류(男流)는 없다.

이것은 여성에게는 전문성의 잣대 외에 성(性) 또는 젠더(gender)의 잣대가 하나 더 있다는 뜻이다. 여성이 어 느 분야에서 전문성을 쌓아 활동하더라도 전문성의 잣대로 만 평가되지 않고, '여성'이라는 측면을 다분히 차별적인 뉘 앙스로 떠안을 수밖에 없다는 것. '여류 특유의 섬세함'이니 '여류 특유의 감수성'이니 하는 말은 여성의 특수성을 인정하는 것 같으면서도 사실은 차별적이다.

　'여류'라는 표현이 아니어도 '여성 특유의 섬세한' 따위 표현을 쓰는 사람이 여전히 드물지 않다. 나는 내 아내를 비롯하여 나보다 섬세하지 않은 여성을 제법 많이 안다. 섬세함은 사람마다 차이가 있을 뿐 성별에 따른 차이가 아니다. 설령 그런 면이 보이더라도 그건 역사적으로 여성이 섬세함이 요구되는 일에 더 자주 투입되어 온 결과일 뿐이다. 여성이 섬세하기 때문에 그런 일을 더 자주 맡았다고 보기 어렵다. 사회적, 문화적, 역사적인 것을 자꾸만 자연적인 것으로, 예컨대 "여자는 본래 그래!"식으로 착각하지 말자. 크리스틴 드 피장이 이 점을 깊이 인식하고 비판한 지도 600년이 지났다.

●　《여성은 이렇게 말했다》, 한정숙 지음, 길출판사, 2008.

갈 수 없는 나라

나는 나이가 많지 않다. 그렇지만 많은 것을 가까이에
서 보았다. 완전히 벌거벗은 사람들을 보았다. … 존
경받는 가정과 정직한 가족이 덕행의 외관 아래 얼마
나 많은 추잡한 언행과 수치스러운 악행, 저열한 범죄
를 감출 수 있는지! 오! 나는 그것을 알고 있다!*

옥타브 미르보가 1900년에 발표한 소설 《어느 하녀의
일기》의 일부다. 산업혁명을 거치며 생활수준이 향상된 중
류 계층이 상류 계층의 생활양식을 따라 하기 시작하면서
하녀를 들이는 일이 흔해졌다. 노동자 계급과는 다른 신분

이라는 것을 확인하는 방식이기도 했다.

　중상류 계층의 이상적인 여성상도 하녀가 늘어난 배경이다. 여성은 자기 손으로 가사를 돌보기보다는 시간 여유를 누리는 것이 이상적이라는 생각. 이런 관념을 충족시켜준 것이 가사를 대신 처리하는 하녀, 즉 타인의 집에 고용되어 급료와 거주할 방과 식사를 제공받으며 일하는 여성가사 사용인이었다.

　책 읽는 여성을 그린 그림의 상당수가 노동할 필요가 없는 유한(有閑) 계급 여성을 묘사한 데 비해 이 그림에서는 그런 계급 여성이나 집안을 위해 일하는 여성이 책을 읽는다. 탁자 위 물건들은 하녀가 청소하고 관리해야 할 물건이되 하녀의 소유물이 아니다. 하녀는 집안 청소를 하다가 잠시 중단하고 책에 깊이 빠져 있다. 탁자 위에 놓인 책을 집어 든 것일까?

　하녀가 왼팔에 끼워 든 먼지떨이가 그녀의 직분을 새삼 일깨운다. 그녀에게 독서란 매일 반복되는 하녀의 일상에서 잠깐의 일탈이다. 어떤 책일까? 단서는 탁자에 놓인 물건들. 뚜껑이 있는 백자(白瓷) 단지, 기모노 차림새의 자기 인형, 그리고 인물과 화초 등이 묘사된 청화백자. 화가 윌리엄 맥그리거 팩스턴이 보스턴에서 활동했으니 보스턴 중상

류층 집안이라 하자. 집주인은 동양에 대한 관심이 각별한
인물일 듯. 동아시아 지역과 무역을 하여 부를 쌓은 사람인
지도 모른다.

하녀는 지금 책의 다음 부분을 읽고 있는 게 아닐까.
자신이 매일 고되게 치러내야 하는 일과, 빨래에 관한 부분
이다.

> 남편들이 계속 흰옷을 고집하는 한 빨래는 한국 여인
> 들의 신산한 운명과도 같은 것이다. 이런 냄새나는 하
> 천에서, 궁궐 후문의 우물에서, 전국 방방곡곡의 모든
> 물웅덩이에서, 아니 주택 밖 실오라기만 한 개울이라
> 도 있는 곳이라면 어디든지, 한국의 여인들은 빨래를
> 하고 있다.**

이사벨라 버드 비숍이 1894~1897년 사이 조선을 방
문하고 1898년에 펴낸 책, 《Korea and Her Neighbours》**.
영국과 미국에서 출간되어 인기를 모으며 11판까지 찍은 책
이다. 시인 김수영이 1964년에 시 〈거대한 뿌리〉에서 이사
벨라 버드 비숍을 말한다.

나는 이사벨 버드 비숍女史와 연애하고 있다 그녀는

하녀

윌리엄 맥그리거 팩스턴, 1910년, 캔버스에 유채,
76.5×64cm, 미국 워싱턴국립미술관

一八九三년에 조선을 처음 방문한 英國王立地學協會
會員이다

그녀는 인경전의 종소리가 울리면 장안의 남자들이
모조리 사라지고 갑자기 부녀자의 世界로 화하는 劇
的인 서울을 보았다 이 아름다운 시간에는 남자로서
거리를 無斷通行할 수 있는 것은 교군꾼, 내시, 外國
人의 종놈, 宮吏들뿐이었다

그렇다면 하녀가 이 책 다음으로 읽게 될 책을 퍼시
벌 로웰이 1885년에 내놓은 《조선, 고요한 아침의 나라》라
하자. 1883년 5월 일본을 유람하던 로웰은 미국으로 향하는
조선의 친선 사절단, 즉 민영익, 홍영식, 서광범, 유길준 등
보빙사(報聘使) 일행을 인도하는 일을 맡았다. 로웰은 8월 18
일 샌프란시스코를 향해 출발한 뒤 11월 14일 일본으로 돌
아오기까지 보빙사 일행을 도왔다. 일행은 로웰의 고향 보
스턴 일대도 방문했다. 로웰은 이후 고종의 초대를 받아 조
선에 석 달간 머물렀다.

상상하는 김에 좀 더 나가보자. 하녀가 일하는 집은
뉴잉글랜드와 보스턴 지역의 유서 깊은 최고 엘리트 가문
가운데 하나, (퍼시벌 로웰이 속한) 로웰가(家)의 어느 집이 아

닐까. 퍼시벌 로웰의 여동생으로 사후에 퓰리처상을 수상하기도 한 시인 에이미 로웰의 거처일 수 있겠다. 에이미 로웰은 엄청난 독서광이자 도서 수집가였다. 아니면 퍼시벌의 남동생이자 에이미의 오빠, 하버드대 총장을 지낸 에버트 로렌스 로웰의 거처일 수도.

사실상 갈 수 없는 나라, 하녀는 주인집 책을 통해 잠깐 그 정경과 만난 조선을 긴 세월이 지난 뒤에도 기억할까? 아마도 기억할 것이다. 미르보의 소설 속 하녀 셀레스틴이 말한다.

> 게다가 이제는 다른 사람들의 집에서 하녀 일을 할 수 없다고 생각하니 후회가 막심해지는 것이었다. 옛날에는 내가 자유를 얻게 되는 날을 쌍수를 들어 환영할 것이라 생각했었다. 그런데 아니었다! 부르주아들의 사치스러운 생활을 즐기는 정경이 문득 그리워지면 어떡하지?*

• 《어느 하녀의 일기》, 옥타브 미르보 지음, 이재형 옮김, 책세상, 2015.
•• 《한국과 그 이웃 나라들》, 이사벨라 버드 비숍 지음, 이인화 옮김, 살림, 1994.

책은 위로의 빛

자연의 빛. 여명이다. 하늘이 푸르스름하다. 새벽 다섯
시쯤? 커튼이 반쯤 열려 있다. 커튼은 숨기고 가리는 것. 커
튼을 통과한 빛은 이미 인위(人爲)의 질서이자 빛이다. 전등
불빛, 인공과 기술의 빛이다. 그림이 그려진 시기는 1909년.

미합중국 뉴저지 주 소재 먼로파크에 사는 나, 토머스
알바 에디슨은 전기 램프를 개선하고 그것을 생산하
는 방법을 발명했으며, 그것은 다음과 같은 특징을 지
닌다. 이 발명의 목적은 백열광을 내는 전기 램프 생
산이며, 이 램프는 고저항의 특성을 지녀 전광(電光)을

실용적으로 분할할 수 있게 해준다.

1879년 11월 4일 미국 특허청에 토머스 에디슨이 제출한 특허 신청서의 첫 부분이다. 이 신청은 이듬해 1880년 1월 27일에 승인되어 에디슨은 백열전구에 관한 특허권을 취득했다. 그로부터 30년이 지났으니 백열전구가 빠르게 등불을 밀어내고 독서인의 반려가 되었다. 자연의 빛, 인위의 빛, 인공의 빛을 받아 빛나는, 책 읽는 사람의 빛이 완성된 것이다.

놀런 교장은 노신사가 들고 있는 촛불을 가리키며 말했다. "저 촛불은 바로 지식의 등불입니다." … 신입생들은 모두 초 한 자루씩 들고 있었다. 노신사는 권위와 예의를 갖춘 행동으로 맨 앞에 앉아 있는 학생에게 촛불을 전해주었다. 그 학생은 옆에 앉아 있는 학생에게 촛불을 붙여주었다. 그렇게 해서 하나 둘씩 촛불이 퍼져갔다. "지식의 빛은 이처럼, 나이 든 사람들로부터 젊은이들에게 전해져야 하는 법입니다."•

명문 웰튼아카데미 입학식에서 이뤄지는 촛불 의식. 영화로 더 유명한 N. H. 클라인바움의 소설《죽은 시인의

사회》의 한 장면이다. 빛은 지식, 지혜, 진리의 상징이기도
하다. 전통 동아시아에서도 불빛은 독서, 공부, 학문을 뜻
했다. 중국 북송(北宋) 시대 왕안석이 '학문을 권하는 글'에
서 말했다. "창 앞에서 옛글을 보고, 등불 아래서 글 뜻을 찾
으라(窓前看古書 燈下尋書義)." 낮에는 햇볕이 드니 창 앞에서
글을 읽고, 밤에는 등불 아래 글의 의미를 더욱 깊이 숙고한
다는 뜻이다.

그림을 그린 조지 클라우센은 런던의 사우스캔싱턴
미술학교에서 장식을 공부한 뒤 잠시 런던에서 활동하다가
파리에서도 활동했다. 그는 풍경과 농촌의 삶을 그린 현대
영국의 선구적 화가 가운데 한 사람으로도 평가받는다. 빛
이야말로 풍경화의 진짜 주제라고 여겼다는 점에서 인상주
의의 영향도 받았다. 그는 풍경화에서 야외의 햇볕의 움직
임 아래 놓인 사물의 모양을 포착한다거나 그늘진 실내의
빛을 붙잡아 묘사하곤 했다. 그림 속 여성은 고독해보이지
만 또한 충만하다. 곁에 책이 있으니 더욱 그러하다.

고독은 작은 빛의 은혜에 의해 구체적인 것이 된다.
불꽃은 몽상가의 고독을 비추고, 또 그것은 사색하는
이마를 빛나게 한다. 촛불은 백지(白紙)의 페이지의 별

전등 옆에서 책 읽기

조지 클라우센, 1909년, 캔버스에 유채,
73.2×58.4cm, 영국 리즈박물관 및 갤러리

이다.**

촛불 아래 책 읽는 장면을 담은 그림은 제법 많다. 반면 전깃불 아래 책 읽는 장면을 묘사한 그림은 비교적 드물다. 이 그림의 전깃불은 촛불과 느낌이 크게 다르지 않게 다가온다.

그림의 배경은 런던의 세인트존스우드에 있는 화가의 응접실로 추정된다. 이 그림에서도 빛과 어두움에 대한 회화적 탐구가 이뤄지고 있다. 새벽에 깨어 응접실로 향한 클라우센은 딸이 책 읽고 있는 모습을 보았던 게 아닐까. 딸은 밤새 책을 읽고 있었던 게 아닐까. 조용한 새벽이니 인기척을 느끼기 충분했겠지만 딸은 아버지가 자신을 바라보는 것을 알아채지 못하고 계속해서 책에 몰두한다. 사람과 책과 빛이 온전히 하나가 되는 충일한 순간을 누리고 있는 것이다. 클라우센은 그런 딸을 잠시 지켜보다 조용히 물러난다. 무슨 책일까?

제가 가난하고 미천하고 못생겼다고 해서 혼도 감정도 없다고 생각하세요? 잘못 생각하신 거예요! 저도 당신과 마찬가지로 혼도 있고 꼭 같은 감정도 가지고 있어요. 제가 복이 있어 조금만 예쁘고 조금만 부유하

게 태어났다면 저는 제가 지금 당신 곁을 떠나기가 괴
로운 만큼, 당신이 저와 헤어지는 것을 괴로워하게 할
수도 있었을 거예요. … 제 영혼이 당신의 영혼에게
말을 하고 있는 거예요. 마치 두 영혼이 다 무덤 속을
지나 하느님 발밑에 서 있는 것처럼 동등한 자격으로
말이에요. 사실상 우리는 현재도 동등하지만 말이에
요!***

1847년에 발표된 샬롯 브론테의 《제인 에어》의 일부
다. 여성이 열정과 사랑과 삶의 주체가 될 수 있다는 것. 자
기 존엄을 스스로 지킬 수 있고 지켜야 한다는 것. 클라우
센의 사위, 그러니까 그림 속 딸의 남편은 제1차 세계대전
에 참전했다가 세상을 떠났다. 황량한 대지에서 한 젊은 여
인이 웅크리고 엎드려 울고 있는 장면을 묘사한 클라우센의
작품 〈울고 있는 젊은이〉는 당시의 심경을 표현한 것으로
알려져 있다.

클라우센은 예술가로서 높은 명성을 누리며 사회적으
로 성공한 삶을 살았다. 1927년에는 작위도 수여받았다. 더
구나 92세를 살며 장수했다. 더 이상 무엇을 바라겠는가마
는 모든 빛에는 그늘과 어두움이 따른다. 클라우센에게는
딸의 불행이 바로 그것이었는지도 모른다. 남편을 여읜 딸

은 다시 아버지의 응접실에서 책 한 권을 붙잡고 빛과 함께
몰두하지 않았을까. 딸에게, 아니 세상 모든 이에게 책이 위
로의 빛이 되어주기를.

• 《죽은 시인의 사회》, N. H 클라인바움 지음, 한은주 옮김, 서교출판사,
2004.
•• 《촛불의 미학》, 가스통 바슐라르 지음, 이가림 옮김, 문예출판사, 2008.
••• 《제인 에어》, 샬롯 브론테 지음, 유종호 옮김, 민음사, 2004.

"그녀들에게는 합당한 권리가 있노라"

　　거의 모든 종교는 책의 종교다. 각 종교에는 가르침을 담은 경서(經書)가 있기 때문이다. 경서라고 하면 유교 경서부터 떠올리곤 하지만 불교의 방대한 불경과 도교의 도장(道藏), 기독교 성서, 이슬람의 코란, 조로아스터교의 아베스타, 인도 브라만교의 베다 등이 모두 경서다. 전통 사회에서 학문 활동의 대부분은 경서를 읽고 주석하고 해설하는 것이었다. 그 기본은 경서를 암기하고 암송하는 것이었다.

　　스탕달 소설 《적과 흑》의 주인공 쥘리앵은 라틴어 성서를 통째로 암기하여 성직자로 입신하여 상류 사회로 들어갈 수 있는 발판을 마련했다. 이슬람권에서는 114장, 6천

200여 절, 8만여 단어로 이뤄진《코란》을 암송하는 대회가 열리기도 한다. 대회 나갈 정도가 되려면 적어도 3년 이상 하루 여러 시간 외우고 또 외워야 한다. 예언자 무함마드가 알라, 즉 하느님에게 받은 계시를 적도록 하여 성립된 경서로 1인칭에 아랍어로 기록됐다.

《코란》에서 예수는 신이 보낸 인물로 신의 예언자, 신의 종, 신의 말씀 등으로 일컬어지지만 예수를 신의 아들로 보는 것에는 반대한다. 신이 자식을 낳았다는 것은 신에 대한 모독이라고 보았던 것.《코란》5장 116~117절에서 신 앞에 선 예수는 자신의 신성(神性)을 부정한다. "하느님께서 마리아의 아들 예수야, 네가 백성에게 말하여 하느님을 제외하고 나 예수와 나의 어머니를 경배하라 하였느뇨? 하시니 영광 받으소서. 결코 그렇게 말하지 아니했으며 그렇게 할 권리도 없나이다…."

그림을 그린 오스만 함디 베이는 근대 터키의 화가이자 고고학자이며 예술행정가였다. 이스탄불고고학박물관과 이스탄불미술아카데미(오늘날 미마르시난예술대학)를 설립하여 터키의 근대적 박물관 성립에 기여했다. 이스탄불에서 법학을 공부하다가 18세 때인 1860년 파리로 유학을 떠나 9년간 머무르며 법학 공부를 접고 미술 수업을 받았다.

코란을 음송(吟誦)하는 소녀

오스만 함디 베이, 1880년, 소재 불명

1867년 파리 만국박람회에 회화 작품 세 점을 선보이며 화가로서 이름을 알리기 시작했다. 당시 박람회에는 프랑스의 나폴레옹 3세 황제의 초대로 터키의 술탄 압둘아지즈가 방문했다. 터키 술탄의 역사상 첫 서유럽 방문이었다. 오스만 함디 베이는 파리에 머무르던 젊은 터키 인사들과 교유하며 자유주의 사상을 접하긴 했지만 정치 활동에는 참여하지 않았다. 파리에서 프랑스 여성과 결혼하고 1869년 귀국했지만 나중에 이혼하고 터키 여성과 재혼했다.

여성이 《코란》 읽는 장면을 두고 이상하게 생각할 사람이 있을지도 모르겠다. 이슬람이라고 하면 여성 차별부터 떠올리는 이가 많을 테니. 《코란》에는 여성 24명이 등장한다. 이 가운데 중요한 여성 인물은 예수의 어머니 마리아, 시바의 여왕, 마리아의 어머니 한나, 하와(이브), 모세의 어머니 움 무사 등이다. 이들 여성은 따라야 할 모범으로 제시된다.

이슬람에서 여성은 의무만 짊어진 존재가 아니라 권리도 받은 존재다. "그녀들에게 의무가 있는 것처럼 그녀들에게는 합당한 권리가 있노라."(《코란》 2장 228절) "하느님께서 그대들 중 일부에게만 더해 베푸신 것을 탐내지 말라. 남성에게는 그들이 얻은 몫이 있으며 여성에게는 그들이 얻은

몫이 있노라. 그리고 하느님께 그분의 은혜를 구하라."(《코란》4장 32절)

　　무슬림의 결혼 생활에서 아내와 남편의 관계는 상호 존중이 기본이다. "그대들 중에서 가장 훌륭한 자는 아내를 가장 훌륭히 대하는 자라. 그리고 나는 아내에 관해 그대들 중에서 가장 훌륭한 자라."(앗-티르미디가 수집한 하디스, no. 3895) "그녀의 어떤 성품이 마음에 들지 않는다면 그녀의 다른 성품에 기뻐할 것이라."(무슬림이 수집한 하디스, no. 1469)
　　한 신자가 신의 사도에게 질문했다. "오, 하느님의 사도시여! 우리에 관한 아내의 권리는 무엇입니까?" 신의 사도는 이렇게 답했다. "그대가 먹을 때 그녀도 먹는 것이며, 그대가 입을 때 그녀도 입는 것이며, 얼굴을 때리지 않고, 그녀를 욕하지 않으며…."(아부 다우드가 수집한 하디스, no. 2142)

　　이슬람에서 어머니는 아버지보다 더 존중된다.
　　"오, 하느님의 사도시여! 제가 함께 있을 때 가장 잘 해드려야 할 사람은 누구입니까?"
　　"그대의 어머니라."
　　"그 후에는 누구입니까?"
　　"그 후에도 그대의 어머니라."

"그 후에는 누구입니까?"

"그 후에도 그대의 어머니라."

"그 후에는 누구입니까?'

"그 후에는 그대의 아버지라."

〔알-부카리와 무슬림이 수집한 하디스(no. 5626, no. 2548)〕

15세기 학자 알 사카위가 편찬한 열두 권 분량 인명사전에는 여성 1,075명의 이름이 등장한다(전체 인물은 11,691명이다). 적어도 15세기 전까지 이슬람 사회에서 두각을 나타낸 여성이 그만큼 많았다는 뜻이다. 14~15세기에는 시리아와 이집트에서 무슬림 여성에 대한 종교 교육이 크게 장려됐다.

알 사카위의 스승이기도 한 학자 움 하니(1376~1466)가 교육을 받아 높은 학식을 갖춘 대표적인 여성이다. 카이로에서 태어나 그곳에서 사망한 움 하니는 할아버지에게 교육을 받은 뒤 스승 스무 명에게 배웠다. 두 번 결혼했고 자녀들에게는 법학 교육을 시켰다. 젊을 때부터《코란》은 물론 무함마드의 언행록 전승, 즉 하디스를 암송하고 즉석에서 시를 짓곤 하였다.

움 하니는 두 번째 남편이 죽은 뒤 재산과 사업을 물려받아 직물 공장을 직접 운영했다. 하지(성지 순례)를 열세 차례 다녀왔는데, 그때마다 메디나나 메카에 머물며 사람들을 가르쳤다. 오스만 함디 베이의 이 그림 속 무슬림 소녀를 움 하니로 볼 수도 있겠다.

어떤 종교에 대한 오해와 그 종교를 따르는 이들에 대한 편견은 단지 생각에만 그치지 않고 배제와 차별 때로는 폭력까지 낳을 수 있다. 이슬람과 무슬림에 대한 혐오, 즉 이슬람포비아가 하나의 예다. '사랑하면 알게 되고 알게 되면 보인다'라고도 하였으니, '미워하면 모르게 되고 모르게 되면 보이지 않는다'는 뜻도 되겠다. 사랑하거나 미워하기 전에 우선 제대로 알려고 애쓸 일이다. 물론 쉽지 않은 일이다. 스피노자가 말했다. "모든 고귀한 것은 힘들 뿐만 아니라 드물다"고.

세상의 모든 딸, 아들에게

내일 새벽, 대지가 밝아오는 순간
나 떠나리. 그대가 나를 기다림을 알기에.
숲을 지나리니, 산을 지나리니
내 더 이상 머물 수 없으니, 그대와 떨어져선

나 걸으리, 내 눈은 오로지 생각에 꽂혀
눈은 보여도 보지 않고, 귀는 들려도 듣지 않으리
나 홀로, 남모르게, 등 굽혀 두 손 포개어 가리라
슬퍼라, 나의 낮은 밤과 같아라

내 눈은 황금빛 석양을 보지 않으리라

아르플뢰르로 향하는 배도 보지 않으리라

내 마침내 도착하면 그대의 무덤에 놓으리라

진초록 갈매색 꽃다발, 활짝 핀 야생화

아침, 낮, 저녁, 3연 구성이다. 시인은 사랑하는 여인을 만나러 새벽 일찍 떠날 작정이다. 여인은 시인을 기다린다. 왜 슬픈가? 마지막 연 세 번째 행에서 비로소 알게 된다. 시인은 여인의 무덤으로 가려 한다. 1847년 10월 4일, 빅토르 위고(1802~1885)가 쓴 시 〈내일 새벽〉이다. 1856년 그의 《관조(觀照) 시집》에 실렸다.

45세의 위고에게 새로운 사랑이 찾아왔던 걸까? 아니다. 이 사랑은 1824년에 시작됐다. 다름 아닌 위고의 다섯 자녀 가운데 둘째이자 딸로는 첫째인 레오폴딘 위고(1824~1843). 1843년 9월 4일, 레오폴딘은 여행 도중 루앙에서 40킬로미터 떨어져 있는 빌키에를 흐르는 세느강에서 보트가 전복돼 익사했다. 레오폴딘을 구하려던 남편 샤를 바크리도 익사했다. 레오폴딘의 나이 19세(이들은 같은 해 2월 15일 결혼했다).

참척(慘慽). 딸의 차가운 얼굴에 하얀 천을 덮으며 아버지는 오열했다. "내 죄에 대한 하늘의 징벌이다. 죽은 것

독서하는 레오폴딘

오귀스트 드 샤티용, 1835년, 캔버스에 유채,

73×60cm, 프랑스 빅토르위고박물관

은 바로 나다." 이로부터 6개월간 위고는 펜을 들지 못했고,
10년 가까이 작품을 제대로 쓸 수 없었다. 사실상 절필이나
마찬가지였다. 시 〈내일 새벽〉은 레오폴딘의 4주기(週忌)를
맞아 쓴 것이다.

　그림은 레오폴딘의 11세 생일, 1835년 8월 28일 처음
영성체를 한 것을 기념하여 그린 초상화다. 파리 보주 광장
근처 빅토르위고박물관(빅토르 위고의 집)의 위고 흉상 바로
옆에 걸려 있다. 기도서 왼쪽 페이지 그림은 성서의 다음 내
용을 묘사한 듯하다. "예수께서 베드로의 집에 들어가사 그
의 장모가 열병으로 앓아누운 것을 보시고, 그의 손을 만지
시니 열병이 떠나가고 여인이 일어나서 예수께 수종 들더라
(마태복음 8장 14~15절)." 딸 사후(死後) 딸의 어릴 적 초상을
보는 위고의 마음을 누가 어찌 짐작할까.

　빅토르 위고는 작가로서 최고의 명성과 영광을 누렸
다. 19세기에 출간된 책 가운데 가장 짧은 시일 안에 가장
많이 팔린 책으로 위고의 《레미제라블》이 손꼽힌다. 1862년
출간 당시 파리에서 초판본 7000부가 하루에 매진됐고, 브
뤼셀·부다페스트·라이프치히·런던·마드리드·리우데자네
이루·로테르담·바르샤바 등 여러 나라 여러 도시에서 동시
에 출간된 것으로도 유명하다.

'작가 위고'와 달리 '아버지 위고'는 불행했다. 특히 막내 아델 위고(1830~1915)의 삶은 프랑수아 트뤼포 감독, 이자벨 아자니 주연 영화 〈아델 H 이야기〉로 만들어질 정도로 곡절이 많았다. 아델은 런던에서 만난 장교 앨버트 핀슨을 사랑한 나머지, 미국으로 발령 난 핀슨을 따라 무작정 떠났지만 핀슨의 마음은 이미 식었다. 아델은 핀슨의 마음을 돌려보려 애쓰다가 발광(發狂)했다. 아델은 귀국하여 정신병원에서 여생의 대부분을 보냈다.

첫째 레오폴드 빅토르 위고는 태어난 지 석 달 만에 세상을 떠났다. 둘째 레오폴딘은 봤듯이 19세 때 보트 전복 사고로 사망. 셋째 샤를 위고(1826~1871)는 언론인이자 사진가로 활동했으나 44세 때 세상을 떠났다. 넷째 프랑수아-빅토르 위고(1828~1873)는 셰익스피어 작품의 프랑스어 번역자로 유명했고 정치·언론 활동을 하며 아버지를 도왔지만, 44세 때 결핵으로 세상을 떠났다. 빅토르 위고가 83세로 장수하기도 했지만, 정신병원에서 지낸 막내 아델만이 아버지 위고보다 오래 살았다.

빅토르 위고의 가계(家系)는 셋째 샤를 위고의 자손을 통해 이어졌다. 샤를의 아들 조르주 위고는 작가이자 화가, 조르주의 아들 장 위고(1894~1984), 그러니까 빅토르 위고의 증손자는 화가·일러스트레이터·공연디자이너·작가로

활동한 다재다능한 예술인으로, 피카소, 장 콕토 등과도 교
유했다.

이윽고 눈 속을 아버지가 약(藥)을 가지고 돌아오시었
다./ 아, 아버지가 눈을 헤치고 따오신/ 그 붉은 산수
유 열매.

국어 교과서에도 실렸던 김종길의 시 〈성탄제〉의 일부
다. 자식이 부모에 대해 할 수 있는 효도의 최소치이자 최대
치는 무엇일까? 자식이 병원에 있지 않고, 교도소에 있지 않
으면 되는 것이다. 아프지 말고, 죄 짓지 말고. 아마 세상 거
의 모든 부모는 이렇게 말하지 않을까.
"딸아, 아들아, 다만 살아 있어라!"

벽을 차 부수어라!

　《닥터 지바고》로 유명한 러시아 작가 보리스 파스테르
나크의 부친, 레오니드 파스테르나크의 그림이다. 레오니드
는 1885년까지 모스크바대학에서 의학, 법학을 공부하고 독
일 뮌헨왕립미술학교를 1887년에 마친 뒤 귀국, 2년간 러시
아제국육군에서 복무했다. 1889년 전업 화가 생활을 시작하
며 로사 카우프만과 결혼했고, 이듬해 모스크바에 정착하면
서 장남 보리스가 태어났다. 이 그림은 1892년 작품으로 알
려져 있으니, 그림 속 작가가 아들 보리스는 아니다. 보리스
가 회고록에서 화가 아버지의 창작의 고통을 말한다.

아버지가 톨스토이의《부활》삽화를 그린 곳은 부엌이
었다. 소설은 페테르부르크에서 표도르 막스가 운영
하는 잡지 〈니바〉에 연재되며 대단한 인기를 모았다.
나는 아버지가 시간 압박을 얼마나 크게 받았는지 기
억한다. 잡지는 발행이 지연되는 법이 없었다. 톨스토
이가 교정 원고를 껴안고서 고치고 또 고치다보니, 삽
화가 원고 내용과 불일치할 위험이 컸지만 아버지의
삽화는 늘 정확했다. 톨스토이가 관찰한 것들, 법정(法
庭), 감옥, 시골, 철도 등 거의 모든 것이 아버지가 관
찰한 것들과 같았기 때문이다.

그림이라면 첫 획, 글이라면 첫 문장, 첫 줄이 문제다.
책상 앞에 앉아 노트북을 켰지만 화면만 멍하니 쳐다본다.
깜박이는 커서가 어서 빨리 쓰라 재촉하는 것만 같다. 그야
말로 아무 말이나 얼른 써보기도 하지만, 한 줄 못 넘겨 삭
제. 급기야 '동해물과 백두산이 마르고 닳도록…'을 쳐보지
만, 동해물과 백두산이 마르고 닳기 전에 첫 줄을 시작할 수
있을까? 결국 인터넷에 접속하고 만다. 뉴스도 보고 연예인
소식도 살피고 메일도 확인하는 사이 첫 문장, 첫 줄은 또
그만큼 멀어진다.
　　작가라고 해서 다를까? 글 생산성이 뛰어난 다작의

창작의 고통
레오니드 파스테르나크, 1892년, 소재 불명

작가 장석주에게도 백지(白紙)는 공포였을까?

> 글을 쓰는 자들은 망망대해와 같은 '백지'라는 바다에
> 투신한다. … 백지를 앞에 두고 글을 쓰려고 하면 누
> 구나 알 수 없는 막막함에 부딪치게 된다. 아무것도
> 쓸 수 없을 것 같다는 공포감이 마음속으로 밀려든다.
> 이 공포의 실체는 '무에서 유를 창조해야 한다는 압박
> 감'이다.*

시인 말라르메가 '백지의 공포'라고 일컬었다는 '작가
의 벽(writer's block).' 쓸 내용이나 아이디어가 통 떠오르지
않아 애를 먹는 상황, 더 이상 글을 쓸 수 없을 것 같은 절필
감, 글을 전혀 쓰지 못하는 상황이다. 오스트리아 출신 미국
정신분석가 에드먼드 버글러가 'writer's block'이라는 말을
처음 사용한 것으로 알려져 있다.

프로이트 정신분석의 세례를 받은 사람답게 그는 작
가가 '자기 내면의 문제를 글쓰기를 통하여 승화시킨다'고
보았다. 그렇다면 '작가의 벽'도 작가 내면의 문제에서 비롯
되었다고 볼 수 있으니 정신분석 치료가 필요한 셈이다. 버
글러 이후 '작가의 벽'에 관해 이뤄진 연구들에 따르면, '작
가의 벽'에 부딪힌 작가들은 우울과 불안에 시달리거나 자

존감이 저하되고 자기 확신이 결핍된 경우가 많다고 한다.

그밖에도 부정적 감정에 사로잡힌 경우, 무력감에 빠진 경우, 혼자 있는 것을 자꾸 회피하려는 증상 등이 두드러진다. 완벽주의 강박 탓에 자신이 완벽하지 못하리라는 두려움에 사로잡혀 옴짝달싹 못하는 지경에 이른 경우도 있다. 어떤 경우든 '작가의 벽'은 단순한 슬럼프와는 다르다. 작가 현기영이 그 상태를 고백한다.

> 써야지, 써야지 하고 항상 맘속으로 벼르면서도 글 한 줄 쓰기가 어렵다. 아니, 글 쓰는 것 자체가 두렵다. 백지에 대한 공포. 쓰는 게 두려운 나머지, 스스로 군색한 핑계를 둘러대며 허구한 날 술 마시기가 일쑤다.**

미국의 뮤지션이자 작가이며 공연 예술가, 시각 예술가이기도 한 패티 스미스는 1970년 '작가의 벽'에 부딪혔다. 스미스는 당시를 이렇게 회고한다.

> 주위엔 온통 미완성 노래들과 쓰다 만 시들뿐이었다. 몹시 혼란스럽고 산만했다. 최대한 나아가려 했지만 벽에 부딪혔다. 그것은 내가 스스로 만들어낸 한계였

다. 그때 누군가를 만났는데(극작가 샘 셰퍼드), 그 사람
이 자신의 비결을 알려주었다. 아주 간단했다. 벽에
부딪치면 그 벽을 차 부수라는 것이었다.***

타악(打樂)의 명인 흑우(黑雨) 김대환이 말했다. "모든
박자는 일박(一拍)에 통섭(通涉)된다." 중국 화가 석도(石濤)
가 말했다. "어떤 그림이든 모두 일획(一劃)에서 시작한다.
이 일획이 억만 개의 필묵을 수용한다." 글도 첫 일필(一筆)
에 만필(萬筆)이 통섭되고 억만 개 문장을 수용한다. 생각이
나니 쓰는 게 아니다. 쓰니까 생각이 나고, 쓰고 난 다음에
야 비로소 써진다. 문장이 문장을 낳는다. 일필(一筆)로 벽을
차 부수는 수밖에 없다.

그래도 여전히 남는 질문, 뭘 써야 한단 말인가? 습작
시절 헤밍웨이가 자기 자신에게 하곤 했던 말, 일종의 자기
최면이 답이 될까? '걱정하지 마. 일단 정직한 문장 하나를
쓰면 돼. 네가 아는 가장 정직한 문장을 써봐. 그러면 거기
서부터 글을 써 나갈 수 있을 거야. 그건 어렵지 않아.'
　　결국 거리가 문제다. 어떤 거리인가? 만일 작가가 자
기 집에서 작업한다면, 거실 또는 침실에서 작업하는 방의
책상까지의 거리다. 집 크기에 따라 다르겠지만 어림잡아 10

미터 넘는 경우는 드물 것이다. 그 10미터가 42,195킬로미터 마라톤 코스 거리로 느껴진다는 것. 글쓰기라는 마라톤의 출발선에 서기까지의 거리가 또 그만큼이다. 거리를 어떻게 좁힐까? 역시 벽을 차 부수어야 할 도리밖에. 유명 스포츠용품 기업 광고가 우리에게 말한다. Just do it! 글이라면 Just write it!

• 《글쓰기는 스타일이다》, 장석주 지음, 중앙북스, 2015.
•• 《순이 삼촌》, 현기영 지음, 창비, 2015.
••• 《작가의 시작》, 바바라 애버크롬비 지음, 박아람 옮김, 책읽는수요일, 2016.

두 영혼이 만나는 순간

하나의 유령이 유럽을 떠돌고 있다. 공산주의라는 유
령이. 옛 유럽의 모든 세력이 이 유령을 내쫓기 위해
신성동맹을 맺었다.

1847년 12월에서 1848년 1월 사이 작성된 칼 마르크
스와 프리드리히 엥겔스의 〈공산당 선언〉 첫 부분이다. 〈공
산당 선언〉이 발표된 1848년 2월, 파리에서 혁명이 일어났
다. 빅토르 위고는 2월 혁명 이후 《레미제라블》 원고를 서랍
에 넣어버리고 선거에 출마하여 입법의회 의원으로 당선됐
지만 정치적 격변 속에 망명길에 나섰다.

이 격동과 혼란의 시기 파리에는 하나의 유령이 떠돌고 있었다. 보들레르라는 유령이. 그의 시대가 이 유령을 내쫓기 위해 신성동맹을 맺었다. 그는 그 자신만의 선언, 시와 평론 그리고 무엇보다도 사랑과 또 자신의 삶 그 자체로 하나의 선언을 발신하고 있었다. 보들레르는 2월 혁명 당시 거리에서 전단을 뿌리고 폭동에도 참가했다. 어머니의 성인 뒤파이스를 붙인 필명 보들레르 뒤파이스를 1845년부터 사용했으나, 2월 혁명 때부터 샤를 보들레르라는 본명을 사용했다.

혁명 한 해 전 27세 샤를 보들레르는 20세 연극배우 마리 도브랭을 만났고 유일한 단편소설 〈라 팡파를로〉를 썼다. 시집 《악의 꽃》에 실린 시 〈여행으로의 초대〉에서 '아이, 누이'가 바로 마리 도브랭이다.

아이야, 누이야
꿈꾸어보렴
거기 가서 함께 살 감미로움을!
한가로이 사랑하고
사랑하다 죽으리,
그대 닮은 그 고장에서!
그곳 흐린 하늘에

젖은 태양이
내 마음엔 그토록 신비로운
매력을 지녀,
눈물 통해 반짝이는
변덕스런 그대 눈 같아. *

1843년 잔느 뒤발을 만난 뒤로 방탕한 생활에 빠진 끝에 이듬해 가족에 의해 금치산자로 지정되고 급기야 1845년 자살까지 시도한 보들레르였다. 그런 보들레르에게 도브랭은 창작의 영감이자 행복의 가느다란 빛으로 다가왔지만, 도브랭은 보들레르보다 두 살 어린 시인 테오도르 드 방빌과 연인 사이였다. 보들레르는 개의치 않고 도브랭을 사랑했으나 도브랭은 방빌과의 관계를 끊을 생각이 없었다. 방빌과 도브랭은 니스로 사랑의 도피행을 떠났다. 방빌과 떠나버린 도브랭은 이제 보들레르에게 '고통의 밑바닥'이자 '질투 속에 덧없는' 이가 되어버렸다.

치명적인 사랑, 방탕, 자살 시도, 또 한 번의 독배 같은 사랑과 실연, 그리고 혁명. 1846년경부터 보들레르는 화가 귀스타브 쿠르베와 교유하기 시작했다. 당시 보들레르는 '떠돌이 미술 평론가'였다. 실연하여 사랑에 울고 금치산 선고로 돈에 울던 보들레르는 쿠르베의 화실을 출입했다. 가

보들레르의 초상

귀스타브 쿠르베, 1847년경, 캔버스에 유채,
53×61cm, 프랑스 파브르미술관

끔은 채권자들에게 쫓기다가 잠시 몸을 숨기기도 하였다.

그림 속 보들레르는 스카프를 매고 실내용 가운을 걸친 채 파이프 담배를 피우면서 책에 고도로 집중하고 있다. 쿠션을 쥔 보들레르의 왼손도 깊은 몰입의 순간을 보여준다. 손 뻗으면 금방 닿을 곳에 깃털 펜이 금방이라도 날아오를 듯 수직으로 꽂혀 있다. 깃털 펜의 질감 자체는 가볍고 부드러워 보이지만, 보들레르의 살짝 벗겨진 이마 양 옆의 빛과 마주하면서 날카로운 기운이 번진다. 펜이 자아내는 기운, 필기(筆氣)가 사뭇 서늘하다.

깃털 펜, 책, 담배 파이프, 그리고 보들레르의 눈과 이마 사이가 끈으로 팽팽하게 연결된 느낌. 편안한 독서가 아니다. 눕지도, 등을 기대지도 않은 자세다. 읽는 책도 책상 한쪽 모서리 면에 걸쳐놓았다. 보들레르 자신의 공간이 아니라 쿠르베의 공간, 곧 타인의 공간이기 때문일까. 보들레르가 늘 자기 자신을 스스로 추방하는 이였다고 본다면, 그림 속 그의 책 읽는 자세는 곧 그의 삶의 자세이기도 하리라.

보들레르는 1847년부터 미국 작가 에드거 앨런 포에 본격적으로 매료되기 시작했다. 그가 말했다. "포의 작품에서 이야기와 시를 발견했다. 나의 머리에 있었으나 결코 형태를 갖추지 못했던 이야기와 시를." 이 시기부터 1860년대 중반까지 보들레르는 포의 작품을 번역했다. 쿠르베의 화실에서 보들레르가 읽고 있는 책을, 1840년 필라델피아에서 두 권으로 출간된 포의 작품집 《그로테스크하고 아라베스크한 이야기들》 중 한 권으로 보고자 한다.

책을 펴낸 리앤블랜차드 출판사는 포에게 저자 증정본 스무 권을 준 것 외에 인세를 한 푼도 지급하지 않았다. 사랑에 울고 돈에 울었던 포와 보들레르. 당시 포의 공포소설은 독일 낭만주의 작가들을 모방한 독일풍 아류라는 비판을 받고 있었다. 이 작품집 서문에 이후 유명해진 포의 말이 실려 있다.

나의 많은 작품에서 공포가 주제라면, 그 공포는 독일산(産)이 아니라 영혼의 산물이다.

쿠르베가 포착한 순간은 포의 영혼과 보들레르의 영혼이 만나는 순간이었다.

- 《악의 꽃》, 샤를 보들레르 지음, 윤영애 옮김, 문학과지성사, 2003.

사랑에는 굴레가 없다

생전에 시집 12권, 소설 13권을 발표한 작가이자 방대한 일기와 편지를 썼고 목가적 서사시 〈대지(大地)〉, 〈시 선집〉으로 호손든상을 두 차례 수상한 유일한 작가. 버지니아 울프의 친구이자 연인으로, 버지니아 울프가 소설 《올랜도》의 양성적(兩性的) 주인공의 모델로 삼았던 여성. 〈옵서버〉에 15년 동안 칼럼을 기고하고 남편 해롤드 니컬슨 경(卿)과 함께 영국 켄트 주의 시싱허스트 캐슬가든을 만든 여성. 빅토리아 메리 색빌웨스트, 곧 비타 색빌웨스트다.

색빌웨스트와 버지니아 울프가 주고받은 연서(戀書)에 바탕을 두어 배우이자 극작가 에일린 앳킨스가 쓴 희곡으로

《비타와 버지니아》가 있다. 1993년 런던에서 초연되고 1994년 브로드웨이 무대에도 선보였다. 2018년에는 이 희곡에 바탕을 둔 동명 영화가 개봉되었다. 감독은 차냐 버튼, 배우는 제마 아터턴(색빌웨스트 역), 엘리자베스 데비키(버지니아 울프 역), 이사벨라 로셀리니(색빌웨스트의 어머니 색빌웨스트 남작부인 역), 루퍼트 펜리-존스(색빌웨스트의 남편 해롤드 역)가 맡았다.

　　그림은 화가 윌리엄 스트랭이 1918년에 그린 색빌웨스트의 26세 때 모습이다. 이 그림이 그려질 즈음 색빌웨스트는 10대 시절부터 연인 관계를 맺은 바이올렛 케펠과 깊은 관계에 빠져 있었다. 색빌웨스트는 이미 1913년에 결혼한 상태. 케펠도 집안의 강권으로 결혼했지만 이후로도 둘의 관계는 지속됐다. 버지니아 울프의 《올랜도》는 이 둘의 사랑에서 착안한 작품으로 알려져 있다.

　　소설에서 소년 올랜도에게 엘리자베스 1세는 영원히 나이 들지도 말고 죽지도 말라고 말했다. 올랜도는 400년을 사는 인간이 됐다. 올랜도는 여왕의 연인이 되지만 여왕이 죽은 뒤 러시아 대사의 딸 샤샤와 사랑에 빠진다. 이 사랑이 바로 색빌웨스트와 케펠의 사랑을 모델로 했다는 것.

올랜도는 여자가 되었다. 이것은 부인할 수 없다. 그러나 그 밖의 모든 점에서는 올랜도가 남자였던 이전과 꼭 같았다. … 이와 같은 변화가 자연에 위배된다고 믿는 많은 사람들은 위와 같은 점을 참작하여, 다음과 같은 사실을 힘들여 증명하려고 했다. 첫째, 올랜도는 처음부터 여자였다. 둘째, 지금 이 순간도 올랜도는 남자다. 이 문제의 결정은 생물학자와 심리학자들에게 맡기기로 하자. 그러니 우리로서는 그저 올랜도가 30세까지는 남자였다가 여자가 되었고, 그 뒤로는 쭉 여자였다고 말하기만 하면 된다.•

1918년에 색빌웨스트와 케펠은 프랑스에서 둘만의 시간을 보내곤 했다. 그해에 색빌웨스트는 자신이 근본적인 '해방'을 경험했다고 적었다. 자신의 남성 측면이 급작스럽게 풀려나 자유로워졌다는 것이다. "나는 야성(野性)으로 치달았다. 마구 달렸고 소리쳤으며 뛰어올라 문을 훌쩍 넘어섰다. 마치 휴일의 방종(放縱)한 소년이 된 느낌, 거칠 것이 없는 날이었다."

그랬던 케펠이 약혼했다는 소식에 색빌웨스트는 크게 실망했다. 색빌웨스트는 케펠이 있는 파리로 가서 사랑의 신의를 지킬 것을 설득했다. 케펠은 이러지도 저러지도 못하며

빨간 모자를 쓴 여인

윌리엄 스트랭, 1918년, 캔버스에 유채,
102.9×77.5cm, 스코틀랜드 캘빈그로브미술관

절망한 나머지 자살 직전까지 갔다. 결국 케펠은 1919년 6월 데니스 로버트 프레퓨시스와 결혼했다. 케펠이 결혼 생활의 조건에 섹스를 넣지 않는다는 약속을 프레퓨시스에게 받아 낸 다음이었다. 결혼 후에도 색빌웨스트와 케펠, 아니 이제 프레퓨시스 부인은 편지를 교환하며 관계를 이어갔다.

어떤 의미에선 배신이라고도 할, 연인의 약혼과 결혼. 그 결혼을 막아보려 애쓰는 색빌웨스트, 그리고 사랑의 도피 행각. 이 복잡다단한 사랑의 역사는 사회적 인습과 통념은 물론 성(性)의 구별마저 뛰어넘었으니 사랑의 한계는 어디까지인가? 스스로 한계를 지우는 곳까지가 곧 한계일까? 그렇다면 사랑에는 자유가 있을 뿐 본래 한계가 없을 터.

그림 속 색빌웨스트가 쥔 빨간 표지 책은 무엇일까? 1917년에 나온 자신의 《서동 시집》일 수 있다. 그 가운데 색빌웨스트가 포즈를 취하기 직전 혹은 그 직후에 펼쳐 읽었음 직한 시, 〈노래: 내 영혼 목동처럼〉을 읽어본다.

나의 영혼은 목동(牧童)과 같아.
산울타리 좁은 길 따라 춤추며 내려간다
온 세상이 기쁨 가득 차 젊었을 때
나는 고통 속에 누워 있어야 하는가?

목동의 피리소리와 함께 내 영혼 달아나리니
목신(牧神)의 갈라진 발
그가 드리운 불멸의 속박
그리고 남자라는 속박의 사슬

그는 차갑게 말없이 떠나갔으나
그의 보살핌을 배신한
나는 그의 달콤한 피리소리에 미소 짓는다
향기 가득한 대기(大氣)에 취하여

목동의 영혼은 자유롭다. 하지만 사랑에 빠진 순간부터 그 영혼은 자유롭지 못하다. 사랑이 떠나갔다. 영혼은 다시 자유로워졌다. 사랑과 자유의 역설, 모순을 그 누구보다 다채롭게, 또 깊이 느꼈을 색빌웨스트다.

● 《올랜도》, 버지니아 울프 지음, 박희진 옮김, 솔출판사, 2010.

생명과 죽음의 본능, 그리고 이야기

책이나 독서 장면을 묘사한 그림들 가운데 책 제목을 알 수 있는 그림은 매우 드물지만, 빈센트 반 고흐의 그림은 예외다. 그의 많은 그림에 등장하는 적지 않은 책들의 제목을 알 수 있다. 파란색 표지 《벨아미》와 노란색 표지 《제르미니 라세르퇴》가 묘사된 이 그림도 그렇다. 고흐가 1890년에 그린 〈의사 가셰의 초상〉에도 《제르미니 라세르퇴》는 공쿠르 형제의 소설 《마네트 살로몽》과 함께 등장한다. 소설 애독자였던 고흐는 떠도는 생활을 하면서 많은 책을 갖고 다니기 힘들었을 것이고, 각별히 여긴 책들을 그림에 등장시켰을 것이다.

《제르미니 라세르퇴》의 주인공, 가난한 시골 직공의 딸 제르미니는 일찍 부모를 여의고 외가에 맡겨졌다가 14세 때부터 파리의 카페 종업원으로 일한다. 카페의 늙은 종업원에게 순결을 빼앗기고 아이를 사산한 제르미니는 여러 곳을 떠돌다 한 노부인 집에서 일하기 시작한다. 근처 우유집 여주인과 친해진 제르미니는 우유집 청소와 심부름까지 도맡아 도와주고, 그 집 외아들 주피롱을 동생처럼 아낀다.

　　주피롱이 성장한 뒤 제르미니는 그와 육체 관계를 맺는다. 바람둥이 주피롱에 대한 사랑의 환희에 들뜬 제르미니는 그에게 장갑 가게까지 차려준다. 주피롱의 아이까지 낳지만 남에게 주어야 했고, 아이는 얼마 뒤 죽고 만다. 우유집 일을 돕기 위해 시골에서 온 주피롱의 조카는 제르미니를 질투한다. 우유집 여주인도 제르미니에게 아들과의 결혼을 포기하라 말한다. 제르미니는 장갑 가게 세낸 돈을 돌려달라 말하지만 거절당한다.

　　그럼에도 제르미니는 주피롱을 군대 징집에서 빼돌리는 데 쓰라며 돈을 준다. 주피롱의 아이를 다시 임신하지만 주피롱은 외면한다. 제르미니는 자포자기 상태에서 술에 빠지고 주피롱은 조카와 결혼한다. 제르미니는 어느 날 만난 주피롱에게 두들겨 맞는다. 비 내리는 밤 주피롱의 집 앞에서 밤을 새운 제르미니는 병이 들어 무료 진료소에서 쓸쓸히 죽는다.

가난한 농촌에서 태어난 조르주 뒤루아는 알제리에서 군인으로 복무하다가 파리로 와서 철도 사무원으로 생활한다. 우연히 만난 군대 시절 친구의 도움으로 신문사에 취직한 뒤루아는 화려한 파리 사교계의 맛을 보고 상류 사회에 진입하려는 욕망을 불태운다. 부와 지위를 갖춘 귀부인 드 마렐을 유혹하여 육체적 쾌락과 돈 모두 누린다. 뒤루아는 이에 만족하지 않고 더 많은 여성을 유혹하여 출세 수단으로 삼는다.

벨아미, 즉 '잘생긴 남자'라는 별명까지 얻은 뒤루아는 자신을 신문사에 취직시켜 준 친구의 아내, 신문사 사장의 가족까지 유혹하고 또 버린다. 쾌락과 부를 얻기 위해서라면 어떤 여인이든 상관하지 않는다. 여성 유혹자 팜므파탈에 대비되는 남성 유혹자, 즉 옴므파탈의 전형인 셈. 기 드 모파상의 장편소설 《벨아미》다. 디클란 도넬랜, 닉 오머로드가 감독하고 로버트 패틴슨, 우마 서먼이 주연한 영화 〈벨아미〉의 원작 소설이기도 하다.

《마네트 살로몽》에서 젊은 화가 코리올리는, 결혼하여 자녀를 갖게 되면 예술적 창조성이 파괴된다고 생각하여

석고상, 장미꽃, 소설 두 권이 있는 정물

빈센트 반 고흐, 1887년, 캔버스에 유채,
55×46.5cm, 네덜란드 크뢸러뮐러미술관

절대 결혼하지 않으리라 결심한다. 그랬던 그가 유대인 모델 마네트 살로몽의 육체적 아름다움과 이국적 분위기에 완전히 사로잡힌다. 살로몽을 모델로 한 그림이 성공을 거두면서 살로몽의 명성도 높아진다. 성공과 명예에 대한 탐욕을 노골적으로 드러낸 살로몽은 점차 코리올리의 명성을 압도한다. 그리고 그와의 결혼으로 살로몽의 야망은 완전히 충족된다. 그 충족이란 곧 코리올리의 창조성의 죽음이기도 했다. 삶과 예술 사이에 얽힌 풀리지 않는 매듭, 예술적 추구와 삶의 평안 사이 모순을 고흐도 평생 고민했으리라.

독서광이었던 고흐는 편지에서 언급한 작가가 150여 명에, 문학 관련 언급이 800건, 거론한 책이 300권이 넘는다. 그의 그림에 등장하는 소설책도 다양한데, 에밀 졸라의 《삶의 기쁨》, 찰스 디킨스의 《크리스마스 캐럴》, 해리엇 비처 스토의 《톰 아저씨의 오두막》, 장 리슈팽의 《용감한 사람들》 등도 볼 수 있다.

고흐가 극도로 침체될 때마다 삶을 위로해주고 힘을 준 것은 소설이었다. 이방인으로서 타국을 떠돌던 시기 고흐에게, 극히 제한된 범위의 친교에 머무르며 사실상 사회와 단절될 때가 많았던 고흐에게 책은 세상과 자신을 이어주는 다리였다. 당대 사람들의 생각과 정서, 사회 현실을 그에게 알려준 것도 소설이었다. 소설을 통하여 동시대와 호흡했던 그가 말한다. "우리는 읽을 줄 알잖아. 그러니 읽어야지."

그림에서 《벨아미》와 《제르미니 라세르퇴》 곁에 놓인 작은 석고상은 비너스상으로 보인다. 미(美)의 여신, 여신의 미란 현실에서는 결코 완전하게 형상화될 수 없는 법. 《벨아미》에서 드 마렐 부인의 육감적 아름다움은 뒤루아의 육체적 쾌락 충족의 수단이었을 뿐이다. 석고라는 물질로 석고상이라는 구체적 형상을 빚어낸 순간부터, '미'라는 것은 결코 닿을 수 없는 하나의 이념이라는 사실이 한층 더 분명해진다. 그 이념의 밑에 자리한 삶과 사회의 비루하지만 살아낼 수밖에 없는 현실, 그것이 소설 《벨아미》와 《제르미니 라세르퇴》라 하겠다.

《제르미니 라세르퇴》에서 제르미니가 그칠 줄 모르고 추구한 애욕은 자기를 파멸시켜 죽음에 이르게 하였다. 모든 생명은 생존하여 번식하려는 생명 본능을 지닌다. 사랑이라는 이름으로도 일컬어지는 애욕, 에로스의 바탕이 바로 생명 본능이다. 반면 모든 생명은 본래의 무기물 상태, 죽음의 상태로 돌아가려는 죽음 본능도 지닌다는 것이 프로이트의 주장이다. 죽음 본능은 파괴적 행위, 증오, 공격을 이끈다. 그런데 얼마나 많은 파괴적 행위, 증오, 공격이 애욕에서 비롯되던가.

　꽃이란 흐드러지게 활짝 피어나 곤충을 유혹해야 하는 식물의 생식기. 장미의 그 빨간 생식기가 생명 본능에 따라 활짝 피기도 전, 가지가 잘린 채 누워 있다. 끝없이 애욕을 갈구한 제르미니의 생명 본능은 결국 죽음 본능의 이면이었던 것인가. 장미가 순결의 상징이라고 본다면 제르미니의 운명을 말해주는 듯도 하다. '석고상, 장미꽃, 소설 두 권'이란 '미(美), 생명과 죽음의 본능, 그리고 이야기'로 바꿔 말할 수 있을지 모른다.

진실의 시간

〈예, 아니오?〉 어떤 질문에 답해야 하는 것일까? 편지 쓰는 여인이 고도로 집중한 상태다. 그림 속 편지지는 한 글 자도 쓰지 않은 백지. 하지만 펜은 편지지 아래쪽을 향한다. 생각하고 또 생각하기 때문일까? 편지지를 따라 허공에 적 어 내려가기를 여러 번 한 것은 아닐까. 여인의 오른쪽 바닥 에 열어본 편지 봉투가 떨어져 있다. 읽어본 편지는 열린 서 랍에 급히 넣은 듯. 내용은 이렇다.

메리 제인 왓슨 양께 삼가 보냅니다.

내가 삶의 이유와 가치를 발견하는 이름, 그 단 하나

의 이름은 바로 메리 제인 왓슨, 그대입니다. 이곳 런
던 생활은 정신없이 바쁘지만, 그대가 수시로 떠오릅
니다. 안타깝게도, 나뭇가지가 앙상해질 무렵에나 그
대를 찾을 수 있을 것 같군요.

더 이상 기다릴 수 없었습니다. 이렇게 편지로라도 내
마음을 전하지 않으면 견디기 힘듭니다. 그대가 있는
저 먼 서쪽, 석양이 또 한 번 하늘을 물들이는군요. 여
러 번 다시 물들이기 전에 그대가 답을 해주신다면 얼
마나 좋을까요? 석양빛에 그대 모습을 떠올려야만 하
는 제 마음은 날로 가난해져만 갑니다.

재촉하는 것 같아 대단히 송구합니다만, 아니 재촉하
는 겁니다. 다시 한 번 그대 이름을 불러봅니다. 메리
제인 왓슨. 그대와 함께 했던 시간, 길지 않은 그 시간
이 늘 내 마음속에 살아 움직입니다. 그대의 마음에서
도 그러하기를.

답장을 더 이상 지체할 수 없다. 첫 문장을 적기 시작
해야 한다. 왼쪽 문 바깥에선 말 탄 사내와 하녀가 얘기를
주고받는다. 말에서 내려 잠시 기다려달라 말해도 소용없
다. "내리지 않겠소. 이런 경우는 없단 말이지. 편지 쓰기를
기다리다니!" 여인은 서둘러야 한다. 답장을 써서 봉투에

예, 아니오?

찰스 웨스트 코프, 1872년, 패널에 유채,

76.8×63.8cm, 영국 워커아트갤러리

넣어 밀봉한 다음 하녀에게 건네야 한다. 하녀는 말 탄 사
내, 그러니까 집배원에게 편지를 건넬 것이다.

　이 그림이 그려지기 30여 년 전, 영국에서 근대적 우
편 제도가 시행되기 시작했다. 로울랜드 힐이 1837년에 내
놓은 책자 《우편제도 개혁: 그 중요성과 실효성》이 계기가
되었다. 책의 요지는 이러했다. 편지 받는 사람이 아니라 보
내는 사람이 요금을 낸다. 거리와 상관없이 요금을 낸다. 미
리 요금을 지불했다는 것을 증명하는 증지(證紙)를 만든다.
특권 계층의 우편 무료 사용을 폐지한다. 여기서 증지는 우
표를 뜻한다.

　힐의 제안은 1840년부터 시행됐다. 이로써 편지를 주
고받는 일이 훨씬 더 쉬워지니 사람들은 편지를 더 많이 쓰
게 됐다. 어떻게 하면 편지를 예의에 맞게 더 잘 쓸 수 있을
까? 영국 빅토리아 시대 19세기 후반에는 편지에 관한 안내
서들이 많이 출간됐다. 메리 제인 왓슨도 그런 책들을 읽었
을 가능성이 크다. 그 가운데 《좋은 사회의 에티켓》(1893)이
편지 봉투에 관해 조언한다.

　편지지와 봉투는 크기와 모양이 다양하여 유행이 있
다. 경우에 따라 작기도 크기도 해야 하며 직사각형일
때도 그렇지 않을 때도 있다. 이렇게 모양이야 다양할

지언정 한 가지만은 변함없어야 한다. 양질의 두꺼운 편지지와 봉투를 사용해야 한다는 것.

참으로 친절하다고 해야 할까 시시콜콜하다고 해야 할까. 편지지에 관한 더 자세한 안내가 《숙녀의 에티켓과 예의범절 입문》(1872)에 나온다.

구겨지지 않고 흠이 전혀 없는 종이, 두껍고 부드러우며 새하얀 종이가 가장 우아하다. 애도를 표할 때에만은 검정 테두리가 있는 종이와 봉투를 쓴다. 금박이나 화려한 무늬로 장식한 종이는 절대 금물이다. 그것은 비속한 악취미의 증거가 될 뿐이다.

편지지를 마련했으면 이제 펜 차례다. 《에티켓, 예의범절, 좋은 교양》(1870)이 조언한다.

좋은 펜을 사용하라. 나쁜 펜이 나쁜 필자를 만들며, 시간을 낭비하게 하는 것은 물론 종이를 더럽히고 기분을 초조하게 만들어 성격 버리기도 쉽다. 그러니 값싸다는 이유로 나쁜 펜을 쓰는 건 결코 경제적이지 못하다.

바늘 가는 데 실 간다고 했다. 펜 가는 데 잉크가 가야 한다.《공식적 사회적 에티켓 핸드북》(1889)에 따르면 '오래 지속되며 우아하고 품격 있는 잉크 색은, 그 어떤 편지와 어떤 경우에서든 검은색이다. 빨간색 잉크는 편지 본문에서는 절대 사용하지 말아야 한다. 파란색 잉크도 그러하다.'

1872년에 그려진 이 그림에서, 책상 위에 책등이 위로 향한 채 놓인 책 두 권은 어떤 책일까?《숙녀의 에티켓과 예의범절 입문》,《에티켓, 예의범절, 좋은 교양》, 이렇게 두 권이거나 그 가운데 크고 두꺼운 오른쪽 한 권은 1872년 초판이 나온 영어사전《챔버스 사전》이거나. 편지 쓰는 책상 위에 놓아두고 수시로 참고했을 터이다. 메리 제인 왓슨은《숙녀의 에티켓과 예의범절 입문》의 다음 부분을 특히 명심하고자 했을 것이다.

편지 쓰기는 펜으로 하는 대화다. 말로 서로의 생각을 더 쉽게 주고받을 여건이 여의치 않거나 멀리 떨어져 있을 때 하는 대화인 것이다. 그러니 편지는 마치 말하듯이 쓰는 게 좋다. 편지를 읽는 상대방이 마치 내 바로 옆에 있는 것처럼.

메리 제인 왓슨은 그렇게 바로 옆에 있는 사람에게 말하듯이 어떤 대답을 썼을까? '그대와 함께 했던 길지 않은 그 시간이 내 마음속에서도 살아 움직입니다. 그대의 마음이 곧 내 마음입니다.' 이렇게? 아니면 '이제부터는 석양빛을 다만 석양빛으로만 보아주세요. 추억은 추억으로만 남겨주세요.' 이렇게? 화가 찰스 웨스트 코프도 그 진실의 순간이 궁금했으리라.

누군가를 그리워하며 바로 그 사람에게 쓰는 연서(戀書)야말로 글 가운데 가장 진실한 글이다. 다른 사람이 본다면 유치할 듯한 꾸밈과 과장이 더해졌다 하더라도, 그조차 진실한 마음에서 비롯된다. 그와 나 사이의 비밀이다. 진실은 때로는, 아니 자주 비밀스럽다.

뜨거운 사랑, 차가운 손길

여성 화가 도라 캐링턴과 작가 리튼 스트래치는 각각 22세, 35세 때인 1916년 처음 만났다. 짧게 깎은 머리에 여성적으로도 남성적으로도 보이는 양성(兩性)적 분위기. 캐링턴은 영국 여성 가운데 사실상 처음으로 목덜미가 드러나는 단발머리를 했다. 동성애자 스트래치는 그런 캐링턴을 처음 본 순간 매료됐다. 캐링턴 자신도 성적 정체성에 혼란을 겪었으며 실제로 여성 애인들과 깊은 관계를 맺곤 했다. 이들의 이야기를 담은 영화로 에머 톰슨(캐링턴 역)과 조너선 프라이스(스트래치 역)가 주연한 크리스토퍼 햄튼 감독의 〈캐링턴〉이 있다.

《빅토리아 시대 명사들》로 유명한 리튼 스트래치는 영어권에서 '현대적 전기(傳記) 장르의 개척자'로 평가받기도 한다. 그는 지식인 예술가 서클 '블룸즈버리 그룹'을 이끌었다. 미술평론가 로저 프라이, 작가 버지니아 울프, 에드워드 포스터, 경제학자 존 케인즈 등이 주요 인물이었는데, 이 그룹과 직간접적으로 관련 있던 여러 남성이 동성애자였다.

1910년대 중반 작가 올더스 헉슬리도 캐링턴에 푹 빠졌다. "그녀의 짧은 머리가 두 뺨 위에 황금빛 종처럼 찰랑거린다. 두 눈은 중국산 청색 자기 빛깔. 꾸밈없는 솔직함과 때론 당혹스러운 진지함, 바로 그녀다." 헉슬리는 자신의 첫 소설 《크롬 옐로》에 캐링턴을 메리 브레이스거들이라는 인물로 등장시켰다. 헉슬리는 캐링턴과 나눈 실제 대화의 상당 부분을 소설에 반영했다. 예컨대 캐링턴이 바라는 남성은 소설 속에서 이렇게 이야기된다.

지적인 사람이어야 하지. 지적 관심을 나와 나눌 수 있어야 한다고. 또 여성을 품위 있게 존중하는 사람이어야 하지. 자신의 일과 생각 그리고 나의 일과 생각에 관해 진지하게 얘기 나눌 줄 알아야 한다고. 알다시피, 딱 그런 사람을 찾기란 참 쉽지 않아.

1918년 6월 버지니아 울프는 캐링턴에 관해 일기에 이렇게 적었다.

충동과 자기의식이 뒤섞인 그녀. 나는 그녀가 뭘 추구하는지 헷갈리곤 한다. 남에게 호감을 주고 타협도 잘하며 쉼 없이 분주하고 정력적인 그녀. 다른 한편으론 대단히 급진적이고 진지하며 호기심과 탐구심이 가득하다. 그녀를 좋아하지 않을 도리가 없다.

캐링턴은 1917년 11월부터 스트래치와 동거하기 시작했다. 이듬해 캐링턴은 남동생 노엘 캐링턴의 옥스퍼드대학 친구인 랠프 패트리지와 처음 만났다. 패트리지는 캐링턴에게 빠져들었다. 1921년 캐링턴은 패트리지와 결혼하는 데 동의했다. 패트리지를 사랑했다기보단 스트래치, 패트리지와 캐링턴 자신의 관계를 유지하기 위해서였다. 스트래치는 패트리지와 연인 관계였다. 패트리지와 결혼하기로 한 날 캐링턴은 이탈리아에 있던 스트래치에게 편지를 썼다.

리튼! 어젯밤에 울었어요. 그가 내 곁에서 행복하게 잠들어 있는 동안 난 울었어요. 이 무자비하게 꼬여버린 운명이라니. 당신과 나눈 사랑이 다신 없을 것이

리튼 스트래치

도라 캐링턴, 1916년, 패널에 유채,
50.8×60.9cm, 영국 국립초상화미술관

되어버리다니.

스트래치는 이렇게 답장을 보냈다.

잘 알듯이 나는 친구 이상의 존재로 그대를 사랑했습
니다. 천사 같은 그대가 나를 여러 해 동안 행복하게
해주었습니다. 내 삶에 그대가 있음은 변함없는 사실
일지니, 언제나 그러할 것입니다. 그대의 현존(現存)이
야말로 내 삶에서 가장 중요합니다.

스트래치는 캐링턴과 패트리지의 결혼 비용을 댔고
베네치아로 떠난 신혼여행에 동행했다. 1924년 세 사람은
스트래치가 패트리지 명의로 매입한 윌트셔의 햄스프레이
하우스로 이주했다. 1926년 패트리지는 작가 프랜시스 마셜
과 연애하기 시작하면서 런던으로 떠났지만 이후로도 캐링
턴을 찾아오곤 했다. 패트리지와 마셜은 1932년 결혼했다.
캐링턴이 스트래치를 처음 만난 1916년에 그린 이 그림은
패트리지 사후 마셜(결혼 후 프랜시스 패트리지)이 소장하다가
마셜이 2004년 사망하면서 국립초상화미술관에 기증됐다.
    1928년 캐링턴은 패트리지의 친구이자 미술가 롤랜드
펜로즈의 동생인 버나드 펜로즈와 연인 사이가 됐다. 펜로

즈는 캐링턴에게 자신에게만 충실할 것을 요구했다. 캐링턴은 스트래치에 대한 사랑 때문에 요구를 거절했다. 스트래치가 1932년 1월 21일 51세 때 위암으로 세상을 떠나고 약 두 달 뒤인 3월 11일, 캐링턴은 친구에게 빌린 권총으로 자살했다. 38세. 유해는 화장되어 햄스프레이 하우스 정원 월계수 아래 묻혔다.

그림 속 스트래치는 뭘 읽고 있는 걸까? 플로렌스 나이팅게일의 유산 집행인의 승인을 받아 에드워드 쿡이 쓴 두 권 분량의 공식 전기, 《플로렌스 나이팅게일의 삶》일 수 있다. 스트래치는 1918년에 내놓은 《빅토리아 시대 명사들》에서 헨리 매닝 추기경, 찰스 고든 장군, 교육자 토머스 아널드 등과 함께 나이팅게일을 다룬다. 스트래치는 나이팅게일의 업적을 인정하면서도 그를 비인간적일 정도로 주변 사람들을 무자비하게 대한 사람, 무정하고 차가운 인물로 그린다.
그림 속 스트래치의 손은 크기와 길이가 비현실적이라 할 정도로 과장돼 보인다. 그런데 스트래치의 모습을 담은 사진 몇 점을 보면 이게 과장만은 아니라는 걸 알 수 있다. 가늘고 긴 손가락, 전체적으로 길쭉하며 야윈 손. 캐링턴에게도 스트래치의 그런 손이 무척이나 인상적이었을 것이다. 스트래치의 손길이 자신에게 닿는 순간은 물론이거니와 그 순간을 기억하는 순간마다 캐링턴은 그 가늘고 긴 손을 깊이 느꼈으리라. 그 느낌은 이런 것이 아니었을까?

님의 사랑은 강철을 녹이는 불보다도 뜨거운데 님의 손길은 너무 차서 한도(限度)가 없습니다. ⋯ 달이 작고 별에 뿔나는 겨울밤에 얼음 위에 쌓인 눈도 님의 손길보다는 차지 못합니다. ⋯ 님의 사랑은 불보다도 뜨거워서 근심산(山)을 태우고 한(恨)바다를 말리는데 님의 손길은 너무도 차서 한도가 없습니다.●

● 한용운의 〈님의 손길〉 중에서

에로스와《백과전서》

1759년 2월부터 파리에 머물던 자코모 카사노바 (1725~1798)는 복권 사업에서 거둔 수익을 파리에서 실크 프린팅 사업에 투자했지만 실패했다. 직원 한 명이 공장 설비를 훔쳐 달아났던 것. 사업 파트너들과 채권자들은 카사노바가 사기 치는 것 아닌지 의심하여 고발했다. 카사노바는 투옥됐다가 나흘 만에 풀려나 네덜란드로 향했다.

그가 네덜란드에 도착한 직후 파리 법원은 그가 환어음을 위조했다는 걸 뒤늦게 밝혀냈다. 이후 여러 해 카사노바는 유럽 각지를 전전했다. 이 시기 그가 여러 나라 정부에 스파이로 고용되어 활동했다는 설도 있지만 확실한 증거는 없다. 만일 스파이였다면 능력이 뛰어났을 듯. 증거를 남기지 않았으니.

　1760년 2월 카사노바는 네덜란드를 떠나 쾰른으로 향했다. 쾰른에서도 빚을 떼먹었다는 이유로 고소당했지만 기각됐다. 3월에는 슈투트가르트에서 전문 사기도박꾼에게 걸리고 말았다. 도박 빚을 갚을 길이 없어 다시 한 번 투옥됐으나 탈출하여 스위스 취리히로 향했다. 그곳에서 카사노바는 아인지델른 수도원을 방문한 뒤 수도사가 될까 생각했지만, 취리히에서 만난 여성에게 반한 나머지 생각을 접었다. 성(聖)과 성(性)의 갈림길에서 카사노바다운 선택이다.

　7월에는 제네바에서 가까운 페르네(오늘날 페르네-볼테르)에 머물고 있는 볼테르를 만났다. 이후 그르노블, 아비뇽, 마르세유, 툴롱, 니스, 제노바, 피렌체 등을 돌아다녔다. 12월에 로마에서 카사노바는 화가인 동생 조반니 바티스타 카사노바와 만났다. 조반니는 1752년부터 로마에서 화가 안톤 라파엘 멩스의 지도를 받고 있었다. 멩스가 제자의 형 초상화를 그려준 셈. 멩스는 저명한 미술사가 빙켈만과 각별한 사이였다. 카사노바는 빙켈만과도 만났다. 18세기 유럽 최고의 마당발이라 할 만하다.

　희대의 난봉꾼, 바람둥이, 수많은 여성과 벌인 엽색(獵

카사노바 초상

안톤 라파엘 멩스, 1760년, 소재 불명

色) 행각. 카사노바의 전형적인 이미지다.

> 아아! 거절하는 그녀의 몸짓은 얼마나 매력적이었던
> 가! 나는 정중하고 상냥하면서도 대담하고 집요하게
> 공격했지만, 그것을 물리치는 두 손에는 아주 작은 힘
> 밖에 담겨 있지 않았다. … 내 영혼을 녹이는 듯한 사
> 랑의 입맞춤을 해줄 때마다 그녀의 그런 말이 갖는 방
> 어력은 더욱 강해졌다. 우리는 괴롭고도 감미로운 투
> 쟁을 계속하면서 두 시간을 보냈다.**

그러나 동시에 카사노바는 당대 최고 수준의 지성인
이었으며 많은 글과 저서를 남겼다. 유럽 전역을 무대로 파
란만장한 모험의 한 생애를 보낸 그가 왕성한 문필 활동을
펼쳤다는 것 자체가 하나의 경이(驚異)다. 그 경이 가운데 극
히 일부만 살펴보면 먼저 1752년 드레스덴에서 펴낸 오페라
〈조로아스터〉의 이탈리아어 번역본이다. 장-필리프 라모가
작곡하고 루이 드 카우사크가 대본을 집필했다. 카사노바의
번역을 바탕으로 드레스덴에서 1752년 2월 공연됐다.

　1772년에는 볼로냐에서 《염소의 양털》을 발표했다.
여성의 이성(理性)은 자궁에 의해 통제되는가? 당시 대학 교
수 두 명이 이 주제를 놓고 논쟁을 벌인 일이 있었다. 카사

노바는 이 논쟁이 '염소의 양털'을 놓고 갑론을박하는 것만큼이나 비상식적이라고 비판하면서, 여성의 이성은 자궁과 아무런 상관이 없다고 지적한다.

1774년에는 이탈리아 고리치아에서 《폴란드 격동의 역사》(전 3권)를 펴냈다. 7권으로 계획했지만 3권으로 그쳐야 했다. 인쇄업자와 사이가 틀어져버린 데다가, 출간 비용을 뒷받침해줄 후원자를 찾기 어려웠다. 1775~1778년에는 베네치아에서 《8보격 운율로 번역한 호메로스의 일리아스》를 펴냈다. 이 역시 후원자를 구하기 어려워 3권으로 중단됐다.

다음은 1788년 프랑스어로 써서 프라하에서 5권으로 출간된 소설이다. 《20일 이야기, 또는 지하 세계 프로토코스모스의 토착민 메가미크레스 사이에서 81년을 지낸 에두아르와 엘리사벳 이야기》. 긴 제목의 앞만 일컬어 보통 《20일 이야기》라 한다. 지하 세계의 가상 문명과 종족을 그린 이 작품은 최초의 과학소설(SF)로 평가받기도 하며, 쥘 베른의 《지구 속 여행》의 선구로도 일컬어진다.

소설 속 메가미크레스 종족은 키가 20인치 정도로 작고 피부색이 다양하며, 지하 세계에 살면서도 태양을 숭배한다. 그들의 피부색은 사회적 지위를 나타낸다. 에두아르와 엘리사벳은 이 종족의 언어와 풍습을 익히면서 그 사회를 혁신시킨다. 조너선 스위프트의 《걸리버 여행기》를 연상

시키기도 하는데, 카사노바도 이 작품에서 자기 시대 현실 사회를 풍자한다.

　카사노바는 이 작품이 상업적으로 크게 성공하고 작가로서의 명성도 높아지기를 기대했지만, 적지 않은 출간 비용을 빚으로 떠안았고 책도 주목 받지 못했다. 이밖에도 많은 단행본, 팸플릿, 잡지 원고, 기타 글을 남긴 다작의 저술가 카사노바의 초상에 책이 나온 것은 자연스럽다. 어떤 책일까? 1751년부터 나오기 시작하여 1772년 완간된《백과전서》로 보고자 한다.

　디드로, 장 자크 루소, 볼테르를 비롯한 150명이 집필에 참여했다. 초판은 4300질 정도가 제작되었다. 해적판까지 포함하여 18세기 말까지 유럽 전역에서 약 4만 질이 유통됐다. 우리나라에서는 서울대 도서관이 초판본 한 질을 2010년에 매입해 갖추고 있다. 초상화가 그려지기 약 다섯 달 전 카사노바가 볼테르를 방문했을 때, 볼테르가 몇 권을 건넸을지도 모를 일이다.

　초상화에서《백과전서》로 대표되는 계몽주의를 펼쳐 붙들고 있는 카사노바. 다른 한편으론 날개 달린 아모르(에로스의 로마식 이름) 또는 큐피드가 그의 곁을 맴돈다. 아모르가 화병에서 꽃을 꺼내든다. 카사노바의 새로운 사랑이 또 시작된다는 신호일까? 포즈를 취한 뒤 일어서며 카사노바가 꽃을 받아들 것만 같다. 《백과전서》는 잠깐 접어두고.

카사노바는 전통적 교회 신앙, 합리적 계몽주의, 세속의 향락을 추구하는 풍조, 비밀스러운 가르침과 신비적 마법, 고전적 전통과 낭만적 사조, 혁명의 기운과 구질서의 완고한 저항 등이 뒤섞여 소용돌이치는 시대를 살았다. 카사노바의 삶 자체가 바로 그런 소용돌이였다. 그가 곧 18세기 유럽이었다. 말년의 그는 보헤미아의 둑스성의 발트슈타인 백작의 도서관에서 사서(司書)로 일하다가 생을 마쳤다. 큐피드는 떠났어도 책만은 그의 곁에 끝까지 남은 셈이다.

● 이 그림은 프란체스코 나리치의 작품이라는 설이 있다.
●● 《카사노바 나의 편력 1》, 자코모 카사노바 지음, 김석희 옮김, 한길사, 2006.

'다락방 소극장'의 배우, 마담 드 퐁파두르

1721년 12월 29일 잔-앙투아네트가 태어났다. 어머니 루이즈-마들랭 드 라 모트는 고위 귀족 남성들의 품을 전전하는 '전문적인 작업녀', 아버지 프랑수아 푸아송은 가난한 직공 집안 출신으로 자수성가한 부르주아. 루이즈-마들랭은 결혼 후에도 작업을 이어갔다. 당시 이런 '무늬만 부부' 관계는 별 문제가 되지 않았다. 남편은 스캔들을 막아주거나, '작업' 도중 사생아가 태어나면 아버지가 되어주는 일종의 바람막이였던 것. 남편은 아내가 쌓은 연줄로 돈 벌고 출세할 기회를 노렸다.

잔-앙투아네트는 어머니 루이즈-마들랭의 연인이

자 자신의 실제 아버지일지도 모르는 샤를-프랑수아 폴 르 노르망 드 투르넴의 후원을 받았다. 잔-앙투아네트는 그를 '삼촌'이라 불렀다. '삼촌' 또는 '실제 아버지'의 후원 속에 노래, 춤, 연극, 문학, 지적 교양을 수련했다. 1741년 투르넴은 조카 샤를-기욤 르 노르망과 잔-앙투아네트를 결혼시켜 '바람막이 남편'을 만들어 주었다. 이로써 잔-앙투아네트는 마담 드 에티올르가 되었다.

금발에 가까운 다갈색 머리카락, 보는 각도와 빛에 따라 다르게 보이는 청록색 눈동자, 백옥 같다는 비유로도 모자란 피부, 적당한 키에 빼어난 몸매. 음악, 춤, 연기, 승마 실력이 뛰어나고 지적 교양도 풍부하며 무슨 이야기든 극적으로 이끌어가는 말재주, 독특한 개성을 연출하는 스타일 감각까지. 파리 사교계가 마담 드 에티올르에 주목했다.

당시 프랑스 국왕 루이 15세는 정숙한 왕비 마리 레슈친스카와의 결혼 생활에 권태를 느끼며 사냥과 여성 편력에 탐닉했다. 1745년 2월 24일 황태자 결혼 피로연 가면무도회에서 왕은 에티올르의 재치와 자태에 푹 빠졌다. 같은 해 4월 중순부터 왕은 에티올르를 베르사유에 머물도록 했다. 에티올르는 남편과 이혼했다. 이웃에 살다 세상을 떠난 퐁파두르 후작 부인의 칭호와 집안 문장(紋章)을 사들였다. 마담 드 퐁파두르의 탄생이었다.

1년 9개월 뒤 1747년 1월 17일, 베르사유의 루이 15세의 거처 가까운 곳 '다락방 소극장' 무대에서는 〈타르튀프〉 공연이 한창이다. 타르튀프가 오르공 집안의 가정부 도린에게 말한다.

내 차마 그 가슴을 볼 수 없으니 부디 가려주시게!
그런 것들로 인해 영혼이 상처 받고, 죄가 될 생각을 떠올리게 되니까.*

순간 사람들의 시선은 가정부 도린, 아니 도린 역을 맡은 무대 위 퐁파두르의 가슴으로 향한다. 프랑스의 샴페인 잔 모양이 퐁파두르의 가슴 모양을 본 땄다는 야사의 주인공인 그 가슴. '죄가 될 생각을 떠올리는' 관객도 있었을 것이다. 타르튀프의 말에 도린이 대꾸한다.

그 말씀은, 그러니까 당신이 유혹에 아주 약하다는 거군요.
당신의 감각이 육체에 강한 반응을 보이나 보죠?
어떤 열정에 몸이 달아오르는지야 물론 알 수 없지만

마담 드 퐁파두르 초상

프랑수아 부셰, 1756년, 캔버스에 유채,
212×164cm, 독일 알테피나코테크미술관

저는 그리 급하게 달아오르지 않거든요.

댁이 머리부터 발끝까지 홀딱 벗은 모습이더라도

당신 몸에 유혹당하진 않을 거라고요.

몰리에르의 희곡 《타르튀프》를 무대에 올리면서 퐁파두르는 도린 역을 맡았다. 퐁파두르는 작품과 배우들을 직접 선정하면서 제작자와 프로듀서 구실도 했고, 연기에 몰두한 나머지 공연 뒤 피를 쏟으며 쓰러지기까지 했다. '다락방 소극장'이라는 별칭답게 관객은 왕이 직접 선택한 15명 안팎이었다.

《타르튀프》는 1664년 베르사유에서 초연되었고 곧 공연 금지된 뒤 개작되었다. 1667년 다시 상연했지만 또다시 공연 금지, 1669년 다시 상연되어 대성황을 이루었다. 공연 금지와 개작이 거듭된 까닭은 고위 성직자들의 타락을 폭로하는 내용이 있었기 때문이다. 파리의 부유한 시민 오르공은 독실한 신앙인을 가장한 위선자 타르튀프에게 속아 그를 극진히 떠받든다. 이미 애인이 있는 자신의 딸을 그에게 시집 보내려 하기까지 한다. 오르공은 타르튀프의 위선을 지적하는 가족들을 꾸짖는다. 그런 가운데 타르튀프는 오르공의 젊은 아내 엘미르를 노리며 유혹한다. 타르튀프가 엘미르를 유혹하는 장면을 목격한 오르공의 아들 다미스는 이를 아버지에게 알리지만, 타르튀프의 교묘한 말에 속은 오르공은 아들을 내쫓고는 재산을 타르튀프에게 주기로 약속한다. 엘미르는 남편 오르공을 탁자 아래 숨어 있게 하고 타르튀프의 유혹을 받아들이는 척 연기한다. 타르튀프의 본색을 알게 된 오르공은 타르튀프를 내쫓는다. 타르튀프가 그냥 물러날 리 없다. 타르튀프는 오르공의 재산을 이미 증여받았다 주장하며 오르공을 몰아내려 한다. 이후 반전이 있으나 스포일러는 여기까지.

1747년 1월 17일 '다락방 소극장'에서 퐁파두르가 연기한 하녀 도린은, 타르튀프를 감싸고 도는 오르공과 대립하는 입장이다. 자신이 모시는 주인의 어리석음을 안타까워하고 주인을 일깨우려 한다. 두뇌 회전이 빠르고 솔직 대담하다. 때로는 비꼬거나 과장된 말로 관객에게 웃음을 선사한다. 퐁파두르가 자신의 배역으로 도린을 택한 이유는 분명해 보인다. 자신과 가장 비슷한 캐릭터였던 것.

'다락방 소극장'은 루이 15세가 총애한 화가 프랑수아 부셰가 〈마담 드 퐁파두르 초상〉을 그린 1750년에 폐지되었다. 이후 부셰는 퐁파두르 초상을 여러 점 그렸다. 프로 수준의 연기를 펼친 퐁파두르의 아마추어 배우 생활도 이로써 끝났다. 루이 15세는 막대한 비용을 계속 감당하지 않으려

194

했다. 퐁파두르는 무대에 서는 젊고 아름다운 배우와 댄서들이 왕의 주목을 받게 될까 염려했다.

화가 앞에서 포즈를 취하기 전 퐁파두르는 잠시 고민했다. 어떤 책을 집어 들까? 도린을 연기한 9년 전을 떠올리며, 대단원의 막을 내린 '다락방 소극장'을 아쉬워하며 《타르튀프》를 집어 들었을 것이다. 연극 속 도린의 대사를 속으로 말하며 그날의 무대를 회상하는 표정일까? 차분한 가운데 아쉬움과 기쁨이 섞여 있다.

화무십일홍(花無十日紅)이라고 했다. 인간의 아름다움, 고귀함, 영광은 쇠락하는 운명을 피하기 어렵다. 좋았던 그 시절에 대한 기억만이 그러한 운명에서 자유롭다 할까. 퐁파두르는 이 그림을 통해 그 기억을 붙들어두고자 했을 것이다.

● 《타르튀프》, 몰리에르 지음, 신은영 옮김, 열린책들, 2012.

헤이그와 예루살렘의 유대인

　　1656년 7월 27일 네덜란드 암스테르담의 유대교 회당
안. 촛불 여러 개가 켜져 있는 회당 한가운데 23세 청년이
말 없이 서 있다. 유대교 지도자들이 경멸하는 눈초리로 청
년을 주시한다. 그 가운데 한 사람이 선언문을 읽기 시작했
다. 다른 한 사람은 촛불을 차례로 끄기 시작했다.

　　스피노자는 파문당하고 이스라엘 백성 가운데서 추방
당해야 한다. 천사의 법령과 신성한 사람들의 명령에
따라서, 축복의 근원인 신의 승인과 신성한 전체 공동
체의 승인을 받아서 그리고 613개의 계명이 쓰여 있는

이 신성한 두루마리 앞에서, 우리는 바뤼흐 드 에스피
노자를 파문하고, 추방하고, 저주하고, 비난한다.
여호수아가 예리코를 저주했던 그 저주로 그를 저주
한다. 엘리사가 소년들을 저주했던 그 저주로 그를 저
주한다. 율법 책에 쓰여 있는 모든 징벌로 저주한다.
낮에도 저주받을 것이며, 밤에도 저주받을 것이다. 누
울 때 저주받을 것이며, 일어날 때 저주받을 것이다.
나갈 때 저주받을 것이며, 들어올 때 저주받을 것이
다. 주(主)가 그를 용서하지 않을 것이며, 주의 분노
와 질투가 그를 불태울 것이다. 이 책에 쓰인 모든 저
주가 그를 덮칠 것이다. 그리고 주가 하늘 아래로부터
그의 이름을 없앨 것이다. 이 율법 책에 쓰여 있는 계
약의 모든 저주에 따라 주가 이스라엘의 모든 지파로
부터 악에 속한 그를 떼어놓을 것이다.*

천사는 환상에 불과하며 영혼은 생명체 안에만 존재
한다는 견해를 발설하는 등 스피노자(1632~1677)가 유대교
교리에서 벗어나는 언행을 보인 것에 대한 대가는 파문이었
다. 촛불을 끄는 의식은 영혼이 꺼지는 것을 상징했다. 암스
테르담 유대교회는 유대교 교리를 부정함으로써 결국 기독
교 교리까지 부정하는 스피노자를 추방하여 기독교회와 네

파문당한 스피노자

사무엘 히르첸베르크, 1907년, 소재 불명

덜란드 당국의 미움을 사지 않으려 했다.

유대교 사회에서 파문 당한다는 것은 살아 있으되 살아 있지 않은 존재가 되는 것이나 마찬가지였다. 그런 존재 스피노자가 암스테르담 유대인 거리를 책을 읽으며 걸어간다. 왼쪽 옆구리에도 책을 한 권 끼고 있다. 한 노인이 돌을 집어 들려 한다. 스피노자가 든 책의 모서리와 벽에 바짝 붙은 남자의 부여쥔 옷깃. 스피노자의 정신과 유대교, 나아가 오랜 종교 전통 전체가 그 지점에서 맞서고 있다.

스피노자가 든 지성의 무기이자 이성의 등불, 책은 어떤 책일까? 1641년 데카르트가 라틴어로 펴낸 《제일철학에 관한 성찰》이 아닐까. 당시 데카르트를 읽는 것은 불온하게 여겨졌다. '데카르트주의자'라는 말은 불온하고 과격하다는 뜻으로도 통했다. 그림 속 스피노자는 걷는다. '소리에 놀라지 않는 사자처럼, 그물에 걸리지 않는 바람처럼, 무소의 뿔처럼 혼자서' 걷는다. 그는 지금 '다수로서의 한 사람, 한 사람으로서의 다수'다.

제2차 세계대전이 끝나고 몇 년 뒤 암스테르담에서 열린 랍비 회의에 스피노자에 대한 파문 해제를 건의하는 탄원서가 접수됐다. 랍비들은 파문 해제가 힘들다는 결론을 내렸다. 파문을 해제하자면 당초 파문 조치를 내린 17세기 암스테르담의 랍비들보다 해제를 결정하는 랍비들이 더 지혜롭다는 것을 증명해야 하는데, 마땅한 방법이 없다는 게 이유였다.

그림을 그린 사무엘 히르첸베르크는 방직(紡織) 노동자의 장남으로 폴란드 중부 우치에서 태어났다. 15세 때부터 크라쿠프미술학원, 독일 뮌헨의 왕립예술원에서 공부했다. 파리의 전시회에서도 작품을 선보이며 파리 몽파르나스에 있는 아카데미 콜라로시에서 미술 공부를 마쳤다. 1891년 폴란드로 귀국하여 2년 뒤 고향 우치에 다시 정착했다.

이 시기부터 그는 유대인의 삶과 역사를 주요 소재로 삼았다. 레오폴트 호로비츠, 이시도르 카우프만 등의 이른바 '유대인 장르화'와 비슷한 경향을 보였던 것. 예컨대 〈탈무드 공부〉, 〈우리엘 아코스타와 스피노자〉, 〈방랑하는 유대인〉, 〈추방〉, 〈검은 깃발〉 그리고 〈파문당한 스피노자〉 등이다.

아코스타는 스피노자에 앞서 암스테르담 유대인 공동체에서 파문당한 인물이다. 〈우리엘 아코스타와 스피노자〉에서는 스피노자가 아코스타의 무릎 위에 앉아 있다. 물론 실제로 있었던 일이 아니라 화가의 상상이다. 히르첸베르크는 4년에 걸쳐 〈영원한 유대인〉을 완성하고 1900년 파리 살롱에서 선보였으나 주목받지 못했다. 1907년 팔레스타인으로 이주하여 예루살렘에 신설된 브살렐예술학교에서 가르치다가 이듬해 42세를 일기로 세상을 떠났다.

추위가 혹독했던 1676년 겨울 스피노자의 건강은 빠르게 악화됐다. 생계를 위해 렌즈를 가공하면서 유리 가루를 많이 마셔 앓게 된 폐질환이 악화됐다는 설이 유력하다. 1677년 2월 21일 일요일 아침 여느 때와 같이 집주인 부부와 담소를 나누었다. 암스테르담에서 온 의사이자 친구 로데빅 마이어는 집주인에게 부탁해 닭고기 수프를 끓이게 했다. 오후에 스피노자는 수프를 맛있게 먹었다. 집주인 부부가 4시쯤 교회에 다녀온 뒤, 마이어는 스피노자가 3시에 숨을 거두었다는 것을 말해주었다. 그의 나이 44세였다.

침대, 방석, 이불, 모자 2개, 구두 두 켤레, 속옷, 낡은 여행 가방, 책상, 의자, 렌즈 연마기와 약간의 렌즈, 작은 초상화, 은 버클 2개, 체스 도구, 은 인장. 스피노자가 남긴 유산의 전부다. 유족은 유산을 경매 처분해도 경비를 빼면 남는 돈이 거의 없다는 것을 알게 되자 상속을 포기했다. 1677년 2월 25일 장례가 치러졌다. 헤이그의 스푸이 거리 근처 신교회(新敎會) 부속 묘지에 안장됐다.

스피노자가 말한다.

영원하고 무한한 것에 대한 사랑은 순수한 기쁨으로
영혼을 먹이며 어떤 슬픔도 여기에 끼어들지 않는다.
이것은 매우 바람직하고 온갖 힘을 다해 추구해야 할
것이다.••

　　보통 사람이 추구하기 힘든 길, 철학자의 고독한 길이
다. 일시적이고 유한한 것에 대한 사랑의 기쁨과 고통이 우
리 대부분의 삶이다. 그림 속 스피노자가 걷는 길을 걸을 것
인가? 아니면 그를 바라보는 사람들 사이에 설 것인가? 자
꾸만 뭇 사람들 사이에 서고 싶어진다.

•　　《스피노자와 근대의 탄생》, 스티븐 내들러 지음, 김호경 옮김, 글항아리,
　　　2014.
••　《지성개선론》, 베네딕트 데 스피노자 지음, 강영계 옮김, 서광사, 2015.

책을 찢다

　고등학교 한문(漢文) 과목 시험은 물론 대입 학력고사
에도 단골로 출제되던 문제가 있다. 다음 중 뜻이 다른 하나
를 고르시오. 1. 이심전심(以心傳心) 2. 염화미소(拈華微笑) 3.
심심상인(心心相印) 4. 전전반측(輾轉反側). 오지선다형일 땐
여기에 '불립문자(不立文字)'가 추가되기도 한다.
　정답은 걱정거리로 신경이 쓰여 이리 뒤척 저리 뒤척
잠을 이루지 못하는 것을 뜻하는 전전반측. 나머지 사자성
어는 말을 하지 않고서도 마음에서 마음으로 뜻을 전하고
서로 통한다는 뜻이다. 이 말들은 불교에서 불법(佛法)을 전
하는 방식과 상관있다. 특히 우리나라와 중국에서 발달한

선불교(禪佛敎)에서 이것을 강조한다.

불립문자, 즉 문자를 세우지 않는다 하였지만 불교에는 대장경(大藏經)이 있다. 그 많은 불경을 읽고 연구하며 깨우치기 위해 수많은 고승이 각고의 노력을 다했다. 그럼에도 불립문자라니 왜?

경전의 문구나 스승의 말씀은 깨달음의 한 수단일 뿐이다. 문자에 얽매여 집착하지 않고 마음을 꿰뚫어 자신의 본성을 직관해야 한다. 언어로 표현되는 순간부터 진리는 변질되기 시작한다. 마음에서 마음으로 전해져야 한다.

달을 봐야지 달을 가리키는 손을 보면 안 된다는 것이다. 문자는 뜻을 싣는 배이니 강을 건넜으면 배에서 내려야 한다는 것이다. 중국의 문화와 사상 전통에서 언어와 문자에 대한 불신은 오래 됐다. 다음은 《장자》에 나오는 이야기다.

제나라를 다스리는 환공(桓公)이 책을 읽는다. 그 옆에서 기술자 편(扁)이 수레바퀴를 만든다. 편이 망치와 끌을 내려놓고 환공에게 물었다.

"감히 여쭙고 싶습니다. 전하가 읽고 계신 책에는 누구의 말씀이 담겨 있습니까?"

"성인(聖人)의 말씀이 담겨 있다."

"그 성인은 지금 살아 계십니까?"

육조파경도

양해(梁楷), 13세기 초, 종이에 수묵,
69.6×30.3cm, 일본 미쓰이기념미술관

"오래전에 돌아가셨다."

"그렇다면 전하가 읽고 계신 것은 옛사람들이 남긴 술지게미나 마찬가지가 아닐까요?"

안 그래도 수레바퀴 만드는 기술자가 감히 자신에게 먼저 말을 건넨 것을 불편하게 여기던 환공은 화를 냈다.

"내가 책을 읽는 데 비천한 놈이 이렇다 저렇다 함부로 입을 놀리다니! 왜 술지게미나 마찬가지인지 까닭을 제대로 말하지 못하면, 너를 죽여버리겠다!"

편은 뜻밖에 침착했다. 잠시 머뭇거리는가 싶더니 곧 다음과 같이 말했다.

"저는 지금 제가 하고 있는 일로 미루어보아 생각난 것을 말씀드렸을 뿐입니다. 나무를 깎아 수레바퀴의 바퀴 테를 만들 때 여유를 가지고 천천히 만들면 너무 커져 잘 맞지 않습니다. 그렇다고 마음이 급해져 빨리 깎으면 너무 작아 역시 잘 맞지 않습니다. 헐겁지도 않고 너무 작지도 않게 깎아내려면 제 손과 마음으로 느끼면서 작업해야 합니다. 이것은 말로 어떻게 표현할 수 있는 게 아니지요. 그저 자연스러운 기술입니다.

이런 기술을 제 자식에게 가르치고자 하나 가르칠 수 없고, 제 자식은 제게 배우고자 하나 배울 수 없습니다. 때문에 저는 칠십 나이가 되었지만 아직도 수레바퀴를 깎습니다. 옛사람이 갖고 있던 지혜도 비슷하지 않을까요? 다른 이에게 말로는 전할 수 없는 그 무엇인가는 이미 오래전에 사라져버린 겁니다. 때문에 전하가 읽고 계신 것은 옛사람이 남긴 술지게미나 마찬가지 아닐까 하고 말씀드린 겁니다."

13세기경 중국 남송(南宋)에서 활동한 화가 양해(梁楷)가 그린 이 그림은, 육조(六祖) 혜능(慧能, 638~713) 스님이 소나무 아래에서 불교 경전을 찢어버리는 모습을 담았다. 육조는 중국 불교 선종(禪宗)의 법맥 계승의 순서 숫자다. 6세기 초 활동한 달마대사를 시작으로 혜가, 승찬, 도신, 홍인, 그리고 혜능이 여섯 번째다.

단하천연(丹霞天然, 739~824) 선사가 낙양 혜림사의 목불상을 쪼개어 불을 지펴 몸을 녹였다는 고사를 떠올려봄직하다. 사람들이 비난하자 선사는 자신이 사리를 꺼냈다고 답했다. 목불을 태워도 사리는 얻지 못한다고 사람들이 비웃자 선사는 "그렇다면 부처가 아니지"라고 태연히 답했다. 자기 마음이 곧 부처임을, 성불(成佛)의 바탕임을 모르고 목불상에 절하고 빌기만 하는 이들에게 선사의 행동은 이해되기 어려웠으리라. 불상이 그러할진대 하물며 불경이랴.

극도로 간략하게 선을 구사하는 감필체(減筆體)로 '돈 아끼듯 먹을 아낀다'고 평가받은 양해의 스타일은 '언어와 문자를 아낀' 선불교와 잘 맞는다. 불경을 찢는 순간 혜능의 표정이 묘하다. 결의에 찬 듯도 하고 웃는 듯도 하다. 불경의 문자로부터 자유로워졌다는 해방의 기쁨일까? 주의할 점 하나. 혜능을 비롯한 많은 선사는 불경을 깊이 읽은 다음에 찢었다. 피카소가 창조한 자유자재한 새로운 스타일 뒤에는 정해진 기법을 마스터하기 위한 수많은 습작이 있었다.

무엇으로부터 자유로워진다는 건, 그것을 피하거나 무시한다고 되는 게 아니다. 정면으로 마주하며 숙달하고 정통해야, 즉 무언가를 '마스터(master)해야' 그것에 얽매이지 않고 자유로워지며 나아가 새로운 스타일을 자유자재로 창조할 수 있다. 아무나 스타일을 창조할 수 없듯이, 아무나 책을 찢을 수 없다.

파리와 베를린의 친구

      설초 이종우(1899~1981)는 도쿄미술학교에서 공부하
고 1923년 4월에 귀국하여 중앙고보 미술 교사로 재직했다.
이종우는 언론인이자 역사학자 민세 안재홍의 동생으로 3년
연상인 안재학과 술친구였다. 안재학은 연희전문학교에서
가르치고 있었다. 둘은 명월관과 식도원에서 자주 어울렸
다. 이종우의 월급은 1백 원, 안재학의 월급은 2백 원. 비싼
술값을 당해낼 도리가 없었다.

      2년 동안 줄기차게 마셔댄 결과 이종우가 명월관에 진
외상은 8백 원에 달했다. 안재학 역시 식도원에 많은 외상을
지게 되었다. 둘은 머리를 맞댔지만 외상 갚을 길이 좀처럼

떠오르지 않았다. 그러던 차 '구라파로 유학 가자!'는 데 의견이 일치했다. 둘은 무릎을 치며 자신들이 생각해낸 묘안에 감탄해 마지 않았다. 집에서 유학 비용을 타내 외상을 갚는다는 것이었다.

　당시 일본 고베에서 프랑스 마르세유까지 뱃삯이 6백원. 이종우는 부모님에게 여비로 1천 원, 3개월 생활비로 2천 원, 모두 3천 원을 타내어 명월관으로 달려갔다. 외상값을 청산하니 명월관에서는 송별연을 푸짐하게 베풀어주었다. 확실한 단골 서비스다. 하지만 수중에 남은 돈에 다시 가슴을 졸여야 했다. 이종우는 배에 오른 뒤 저간의 사정을 편지로 써서 부친에게 보냈다. 마르세유에 도착했을 때, 집에서 더 보낸 1천 원이 기다리고 있었다.

　외상 술값 해결 차 시작된 유학이었지만 이종우의 출국 소식은 신문에도 실렸다. '이종우 씨(중앙고보 교사), 미술 연구 차 약 4년 예정으로 불국(佛國) 파리를 향하여 작야(昨夜) 출발.'(동아일보. 1925.8.18.) 안재학은 독일 베를린대학으로 가서 양조(釀造)를 공부했다. 이종우는 파리에서 처음에 게르망이라는 화가에게 데생을 지도받다가 러시아 출신 화가 슈하이에프의 화실로 옮겨 지도받았다.

　슈하이에프는 게르망과 달리 속눈썹까지 꼼꼼하게

그리는 성미여서 이종우의 데생이 마음에 들지 않으면 붓으로 북북 지워버리곤 했다. 이런 수업을 통해 이종우는 데생에 자신감을 가질 수 있었다. 1927년 가을 이종우는 〈모부인상〉과 〈인형이 있는 정물〉을 살롱 도톤에 출품하여 입선했다.

당시 파리에 체류 중인 한국인은 27명 정도. 그 가운데 집에서 돈을 받아 생활하는 유학생은 이종우, 공진항, 이정섭 정도에 불과했다. 다른 유학생들은 일과 학업을 병행하며 고학(苦學)했다. 이종우는 3개월에 1천 원을 집에서 송금 받았다. 약 600프랑 가치가 있는 돈이었다. 그는 화실이 40개나 있는 빌딩의 한 방을 세내어 살았다. 풍족하지는 않았지만 군색하지도 않았다. 그의 거처이자 화실은 유학생들과 파리를 방문하는 한국인들의 아지트 구실을 했다. 일요일이면 약속이나 한 듯 모여들어 갈빗국을 끓여먹곤 했다.

3년 뒤 1928년 안재학과 이종우는 귀국했다. 이종우는 명월관으로 복귀했다.

명월관 본점에서 오는 8일(토요일) 오후 6시에 이종우 씨의 환영회를 열기로 결정되었다는데, 회비는 2원씩이라 하며 발기인은 김성수, 최두선, 고희동 제씨인데 동지 제씨의 많은 참가를 기대한다더라.•

독서하는 친구

이종우, 1926년, 캔버스에 유채,
62.6×51.3cm, 대한민국 이화여자대학교박물관

그림 속 친구는 누구일까? 안재학일 가능성이 높다. 안재학은 베를린에서 파리로 가끔 와서 이종우와 회포를 풀곤 했다. 이종우의 단골 술집은 노트르담 근처 심야 술집이었다. 즐겨 마신 술은 코냑. 그림 속 친구의 옷차림으로 보아 1926년 여름이었을 것이다. 이 해 여름과 이듬해 여름 모두 안재학이 베를린에서 파리로 왔을 것이다. 우리나라 최초의 근대 여성 화가 나혜석이 1927년 여름 파리에서 이들과 만났다.

나혜석은 남편 김우영과 함께 1927년 6월 19일 부산에서 열차를 타고 세계 여행을 시작했다. 1929년 3월 12일 부산항에 돌아오기까지 1년 9개월에 걸친 여행이었다. 나혜석은 한 달 뒤 파리에 도착했다.

> 7월 19일 오전에 파리 가르드누아르에 내리니 안재학 씨와 이종우 씨가 출영하였다. 매우 반가웠다. 그들의 지도로 호텔에 투숙하게 되었다. 파리 구경은 길 좀 안 다음에 하기로 하고 소간사(所幹事)가 있어서 제네바로 가게 되었다.**

안재학으로 추정되는 친구가 들고 읽는 책은 어떤 책

일까? 고국에서부터 책을 가져왔을 가능성은 크지 않아 보인다. 안재학이 베를린에서 공부하던 책일까? 그보다는 이종우의 화실이자 거처에 있던 책일 가능성이 커 보인다. 그림을 공부하던 이종우가 책을 많이 갖고 있지는 않았을 법하다. 그 몇 안 되는 책 가운데 하나라면 어떤 책일까?

1926년 여름 파리의 두 친구가 나눈 대화는 어떠했을까? 책을 펼쳐본 안재학이 이종우에게 먼저 말한다.

"이 삽화는 한복(韓服) 아닌가? 그런데 제목이 Le Printemps Parfume⋯."

"한복이지. 제목은 '향기로운 봄', 《춘향전》이야."

"파리에 《춘향전》이라. 1892년에 나왔으니 꽤 됐군."

"내가 꼬레아에서 왔다고 하니 누가 주던데, 읽어보니 《춘향전》이지 뭔가. 불어 공부도 할 겸 틈틈이 읽어봤지. 쓴 사람이 조제프 앙리 로니로 되어 있지만, 홍종우라는 이가 줄거리를 그에게 들려줬다고 하더군. 책을 준 사람이 홍종우와 나 이종우가 이름이 같다며 웃기도 했지."

"홍종우라면 1894년 중국 상해에서 김옥균을 암살한 그 자객 말인가?"

"그렇다네. 그 홍종우가 1890년 말 파리에 도착한 뒤 기메박물관에서 2년간 연구 보조원으로 일하면서 《춘향전》,

《심청전》 등등을 프랑스어로 번안(飜案)했다고 하더군.《심청전》(Le Bois sec refleuri; 다시 꽃핀 마른나무, 1895) 책은 내가 아직 보지 못했네. 그 책은 홍종우(Hong-Tjyong-Ou) 이름으로 나왔다고 하던데."

"파리의《춘향전》, 상해의 자객이라… 술 생각이 왜 나지?"

"술 마실 핑계도 참…."

안재학은 귀국 후 일제를 위해 일할 수 없다는 신념을 지키기 위해 경기 평택 고덕면으로 낙향, 은둔하였다. 해방 후에도 현실과 거리를 두다가 한국전쟁 때 피란지 군산에서 세상을 떠났다. 이종우는 해방 이후 우리 미술계의 지도적 위치를 점하면서 국전 심사위원, 홍익대학장 등을 지냈다. 그 둘이 해방 이후 서로 만났을 가능성은 커 보이지 않는다. 그렇다면 이 그림은 한 우정의 운명을 증언하는 유일한 스틸컷일 수도 있겠다.

● 　동아일보, 1928년 12월 5일.

●● 　《나혜석》, 이구열 지음, 서해문집, 2011.

순결과 광기 사이

　　잡지 〈개벽〉 2주년 기념호(1922년 7월)의 특별 부록
에 '세계걸작명편' 7편이 번역되어 실렸다. 현진건은 고리
키의 《가을의 하룻밤》을 번역했다. 방정환은 아나톨 프랑스
의 동화 《호수의 여왕》, 김석송은 휘트먼의 시집 《풀잎》 일
부를 번역했다. 염상섭은 프세볼로트 미하일로비치 가르신
(1855~1888)의 《4일간(Chetyre dnya)》을 번역했다.

　　가르신의 첫 작품 《4일간》 또는 《나흘 동안》은, 그가
러시아와 터키가 벌인 전쟁에 참전하여 1877년 8월 다리에
부상을 입고 하리코프로 이송된 후 쓴 단편이다. 가르신은
이 작품으로 주목받으며 전업 작가의 길로 나섰다. 소설에

216

서 부상당한 한 사병은 전장에서 자신이 상대한 터키 병사의 썩어가는 시체 옆에서 꼼짝 못하고 나흘 동안 지낸다. 사병의 내적 고백이 작품의 골자다.

오! 곁에 사람. 아, 적(敵)의 송장이다. 굉장히 큰 남자로구나. 가만 있거라, 어디서 본 일이 있는 것 같다. 역시 그 사람이다. 현재 내가 손찌검을 한 사람이 눈앞에 발을 뻗어버리고 자빠져 있다. 무슨 원수진 일이 있기에 내가 이 사람에게 손을 대었는가? 벌써 온통 피투성이가 되어서 뻐드러져 있거니와, 이런 사람을 전장에 끌어내다니, 운명의 신(神)도 딱하다. 대체 어떤 자인가?

나처럼 늙은 어머님이 있을지도 모르지만, 저녁마다 답답한 오막살이집 문간에 우두커니 서서 먼 하늘을 쳐다보며 돌아오지 않는가, 사랑하는 내 자식의 모양은 보이지 않는가 하며 허구한 날 고대(苦待)할 것이다. 그러나 저러나 내 신세는 어찌 될 것인가? 나 역시 꼭 그 모양…. 아! 이 사람이 부럽다. 팔자도 좋다. 아무것도 듣지 않고, 다친 것의 아픈 것도 모르고 옛일을 추억하지도 않으려니와 목숨 아까운 줄도 모르겠지.

프세볼로트 미하일로비치 가르신

일리야 레핀, 1884년, 캔버스에 유채,
88.9×69.2cm, 미국 메트로폴리탄미술관

염상섭은 이 작품을 일역본에서 중역(重譯)했다. 손성준의 연구(2014)에 따르면 염상섭이 읽은 책은 후타바테이 시메이가 번역한 러시아 문학 작품 6편이 실린《片: 外六編》이다. 가르신의《4일간》외 투르게네프의 소설 3편과 고리키의 소설 2편이 실려 있고, 마지막 부분엔 후타바테이 자신의 작품《로스케(露助)의 처(妻)》를 실었다. 일역본 가운데 오래전에 나온 것들은 제목이《억병자(臆病者)의 4일간》인 경우도 있다. 억병자, 일어로 오쿠보모노는 겁쟁이를 뜻한다.

가르신은 도덕적 감수성이 대단히 예민했다. 바꿔 말하면 작은 일에서도 죄의식이나 연민, 동정심을 품는 성격. 귀족 집안 출신으로 러시아의 농노(農奴) 해방(1861) 이후에 교육 받으며 자란 그는 자책하고 회개하는 정서를 키웠다. 그렇다고 적극적으로 정치 활동에 뛰어들거나 하진 않았다. 일종의 '양심적 귀족'이라 할까. 사병으로 입대하여 참전한 동기도 전선에서 싸우는 민중과 고통을 나누려는 것이었다.

가르신의 특징을 잘 보여주는 작품으로는《붉은 꽃》이 손꼽힌다. 세상의 악을 무너뜨리겠다는 일념에 사로잡힌 정신병원의 광인(狂人) 이야기다. 정신병원의 정원에 양귀비 세 그루가 자라고 있다. 광인은 양귀비 속에 세상의 모든 악이 들어 있다고 확신한다. 감시원들의 눈길을 피해 양귀비 꽃을 따버린 광인은 행복하게 죽음을 맞이한다.

가르신은 10대 시절부터 발작 증세를 보였고 신경과
민과 신경쇠약, 우울과 광기 등에 시달리며 정신병원을 들
락거려야 했다. 가르신의 부친 미하일 가르신, 러시아 문학
교사이자 비평가, 작가였던 형 예브게니 가르신도 정신질환
이 있었다. 고독감과 절망감에 깊이 빠진 가르신은 계단에
스스로 몸을 던졌다. 심한 부상 끝에 닷새 동안 극도의 고통
에 시달렸다. 그 끝은 사망. 1888년 3월 24일, 그의 나이 33
세였다.

가르신이 세상을 떠나기 4년 전 이 그림을 그린 일리
야 레핀은 초상화의 대가이기도 했다. 1880년대부터 톨스토
이, 투르게네프, 고골, 무소륵스키, 림스키코르사코프 등등
많은 러시아 문화 엘리트들과 상류 사회 유력 인물들의 초
상을 그렸다. 레핀은 1880년대 초부터 가르신과 친분을 쌓
으며 당시 정치사회 문제에 관한 관심을 나누었다.

레핀은 모델의 특징적인 포즈, 몸동작 등을 포착하여
인물의 개성을 표현하고 심리를 묘사하는 데 힘썼다. 가르
신의 지인들은 가르신의 순결한 인격에서 깊은 인상을 받곤
했다. 그런 인격이 그대로 나타난 것 같은 가르신의 두 눈에
서 깊은 인상을 받았다는 이도 많았다. 레핀 역시 그러했다

는 것이 그림 속 가르신의 두 눈에 잘 나타나 있다.

화면 앞쪽, 가르신 입장에서 왼편에는 원고 또는 자료 더미가 있다. 뒤쪽에는 책 몇 권이 아무렇게나 쌓여 있다. 가르신이 두 손으로 가볍게 쥔 책상 위의 책 또는 문서는 무엇일까? 안톤 체호프가 바로 그해 1884년에 내놓은 첫 단편집 《멜포네네의 우화》일까? 가르신이 신인 작가의 첫 작품집을 구해 읽을 만한 정신적 여유는 없었을 것이다. 가르신은 1883년 이후 역사 소설을 집필하려는 계획, 끝내 실현하지는 못한 계획을 세우고 자료를 수집하기 시작했다.

가르신은 지금 그 자료 가운데 하나를 앞에 둔 것 아닐까? 역사학자이자 법학자, 철학자로 러시아의 초기 자유주의를 대표했던 인물, 콘스탄틴 카벨린이 1855년부터 수고 (手稿)로 유포시킨 《러시아 농노 해방에 관한 비망록》 아닐까? 만일 그렇다면 구상했으되 쓰지 못한 작품, 러시아 역사에서 제재(題材)를 취하게 될 그 어떤 작품의 단서, 가르신은 지금 그 단서를 붙잡고 있다.

《러시아 농노 해방에 관한 비망록》은 농노 해방에 관한 당대 러시아 지식인들의 논의에 큰 영향을 미쳤다. 카벨린이 그 《비망록》에서 말한다.

한 인간이 다른 인간에게 거의 전적으로 예속된 상황.

그 상황에서 지배하는 자는 통제 불능의 방약무인으로 타인을 억압하기 마련이다. 여기에는 예외가 없다. 그것은 또한 노예적 굴종과 허위, 기만을 낳는다.

가르신이 구상만 하고 쓰지 못한 작품은 어쩌면 지배자의 방약무인과 억압, 지배받는 자의 굴종에 관한 풍자적인 이야기가 아니었을까. 하나의 작품을 낳기 위한 과정을 산고(産苦)에 비유하기도 하거니와, 그림 속 가르신은 그 산고의 한복판을 겪고 있는 듯하다. 안타깝게도 끝내 낳지는 못했지만.

• 《四日間》, 〈개벽〉 제25호, 1922년 7월 10일, 염상섭의 번역을 약간 수정했다.

하나의 자화상, 두 가지 모습

춘곡 고희동(1886~1965). 우리나라 서양 회화 시대를 사실상 처음 연 인물, '최초의 서양화가'로 일컬어진다. 13세 때 한성법어학교(漢城法語學校)에 들어가 1903년까지 프랑스어를 배웠다. 당시 원어민 교사는 에밀 마르텔. 마르텔은 1911년 학교가 폐교된 뒤 귀국했다가 1920년 조선으로 돌아와 경성제국대학에서 프랑스어를 가르쳤다.

재학 중 고희동은 프랑스의 공예 전문가 레오폴드 레미옹이 마르텔을 모델로 그림 그리는 것을 보았다. "나는 그것을 보고 서양 미술에 눈떴다. 그 후 나라가 망하자 술이나 먹고 그림이나 그리자는 마음에서 미술 유학을 결정했다."

대한제국 궁내부 주사로 일하며 궁중 내 프랑스어 통역과 문서 번역을 하던 그는 1905년 일제가 대한제국의 외교권을 박탈하기 위해 강제로 을사조약을 체결하자 관직을 그만두었다.

고희동은 1909년 2월부터 도쿄미술학교 양화과(洋畫科) 예비 과정에서 데생 기초를 익히고 그해 9월 정식 입학했다. 1915년 귀국하여 휘문, 보성 등 학교에서 미술을 가르쳤다. 미술 유학도, 미술 교사도, 뭐든 고희동은 조선 최초였다. 1915년 일본에서 귀국한 해에 그린 이 자화상의 배경은 서울 수송동 자택의 화실로 쓰던 공간으로 추정된다.

2012년 등록문화재 제487호로 등재된 이 자화상에는 뜻밖일 수도 있는 두 가지 '최초'가 들어 있다. 첫째, 서양식으로 제본된 책, 즉 서양식 단행본이 묘사된 우리나라 최초 그림이다. 민화 책가도(冊架圖)는 물론이고 문인화와 풍속화에도 책이 나오는 그림은 드물지 않지만, 서양식 단행본은 이 그림이 처음이다. 둘째, 책이 눕혀져 있지 않고 바로 세워져 있는 모습이 묘사된 최초 그림이다. 전통 회화에 등장하는 책은 그 시대 책 보관 방식대로 책이 눕혀져 쌓여 있다. 이 그림에서 책은 서양에서 책을 꽂아두는 방식대로 세워져 있다.

　고희동이 화실에 세워놓은 서양식 단행본은 무슨 책이었을까? 일단 다이쇼(大正) 3년, 즉 1914년 4월과 11월에 나카니시야쇼텐(中西屋書店)에서 제1집과 제2집이 나온《세이키화집(淸輝画集)》일 가능성이 높다. 일본 근대 미술에 큰 족적을 남긴 구로다 세이키(黒田淸輝)의 화집이다. 1896년에 결성된 미술 단체 하쿠바카이(白馬會)의 회화연구소가 편찬하여 1901년 11월에 펴낸 책,《미술강화(美術講話)》도 고희동이 갖고 있었을지 모른다.

　구로다 세이키는 하쿠바카이 결성을 주도했고 1896년부터 1923년까지 도쿄미술학교 서양화과 교수로 재직했다.《미술강화》에는 구로다가 쓴〈15세기 피렌체 화파(畫派)〉,〈19세기 프랑스 화계(畫界)의 사조(思潮)〉등이 실려 있다. 구로다는 17세 때 법률을 공부하러 프랑스로 떠났지만 2년 뒤 회화로 방향을 바꾸어 라파엘 콜랭코랑 문하에서 그림을 배웠다. 파리에서 9년간 머무르다 1893년 귀국한 뒤 작품 창작과 미술 교육 및 미술 행정 분야에서 폭넓게 활동했다.

　구로다가 고희동을 직접 지도할 기회는 드물었을 수도 있지만 여하튼 그는 고희동의 지도 교수였다. 1915년 2월 9일 촬영한 고희동의 도쿄미술학교 졸업 사진에는 입학 심사를 맡았던 오카다 사부로스케(岡田三郞助)와 함께 구로다 세이키도 등장한다. 고희동은 졸업 후 7년 뒤 구로다에게

부채를 든 자화상

고희동, 1915, 캔버스에 유채,
61×46cm, 대한민국 국립현대미술관

편지를 보내기도 하였다.

프랑스에서 유학한 구로다와 한성법어학교를 졸업하고 프랑스어 통번역 일을 했던 고희동이 프랑스어로 대화하는 모습도 상상해봄 직하다. 프랑스어를 할 줄 아는 조선 유학생 제자에게 구로다가 책 한 권을 선물했다면? 프랑스의 미술비평가이자 미술사가 샤를 블랑의《디자인 미술의 문법: 건축, 조각, 회화(Grammaire des arts du dessin)》를 떠올려본다.

1867년에 나온 이 책은 과학의 발전과 미학 및 미술을 연관지어 설명하여, 인상주의를 과학적 방법으로 새롭게 추진하고자 한 신(新)인상주의 미술가들 사이에서 널리 읽혔다. 신인상주의 화가들은 색채를 원색으로 환원하여 무수한 점으로 화면을 구성하는 점묘(點描) 화법 경향을 보였다. 조르주 쇠라의 작품이 대표적이다.

한 권을 더한다면 다나카 마스조(田中增蔵)가 편찬한《우키요에 화집(浮世繪畫集)》을 고희동이 도쿄에서 입수하지 않았을까? 책에는 18세기 말 간세이(寬政) 연간부터 20세기 초 메이지(明治) 시대에 걸친 우키요에 100점이 실려 있다. 서민 계층을 바탕으로 발달한 일본 전통 풍속화, 우키요에는 19세기 중반 이후 유럽 회화, 특히 인상주의에 큰 영향을 미쳤다.

오른 무릎을 세우고 바닥에 앉아 부채를 들었다. 흰색 삼베 적삼과 황토색 바지를 입고 앞가슴을 풀어 헤쳤다. 전통의 모습이다. 서양식 단행본이 놓여 있고 서양 유화가 걸려 있으며, '1915. Ko. Hei Tong' 사인이 그림에 적혀 있다. 현대 서양의 모습이다. 고희동은 1920년대 중반부터 전통 회화로 방향을 바꾸었다.

전통과 현대 사이에서 길을 잃었을까? 현대를 향한 길을 활짝 열기엔 그는 조선에 속한 사람이었다. 오로지 조선의 전통에만 침잠하기에는 그가 산 시대가 현대였다. 마지막 조선인이자 최초의 현대인. 책을 세웠으되 똑바로 서 있진 않고 비스듬한 모습, 그 시대의 모습이자 이 자화상 속 또 하나의 고희동이 아닐까.

책은 만인의 것

1896년 봄 피렌체에서 국제미술전람회가 열렸다. 관람객들은 한 그림에 경악했다. 비토리오 마테오 코르코스의 그림, 〈꿈〉이었다. 모델이 된 젊은 여성은 엘레나 베키. 코르코스와 친한 해군 장교 출신 작가 아우구스토 비토리오 베키의 딸이다. 코르코스와 베키 가족은 코르코스의 고향 토스카나의 리보르노현(縣)에 속하는 작은 휴양 도시, 카스틸리온첼로에서 처음 만나 친분을 쌓았다. 그곳에는 코르코스의 빌라가 있었다.

책 읽는 여성이나 책을 곁에 둔 여성을 묘사한 그림은

당시에도 흔했지만, 이 그림에서 엘레나 베키는 도무지 책에는 무관심해 보인다. 다리를 꼬아 앉은 자세는 전시회 당시 무례한 자세라는 이유로 경악과 논란을 불러일으켰다. 베키의 턱을 받친 왼팔과 꼬아 앉아 치마 속에서 솟아오른 다리가 수직으로 일직선을 이루는 가운데, 벤치로 뻗은 오른팔 수평과 거의 정확하게 각을 이룬다. 벤치 왼쪽 바깥으로 나온 흰 양산의 끝 부분은 가볍지만 무시할 수 없는 긴장감을 자아낸다. 무관심해 보이는 도발일까?

얼굴은 그림 보는 사람 쪽을 향하면서도 시선은 살짝 비켜나 있다. 제목인 〈꿈〉대로 상념에 잠긴 것 같지만 그것이 희로애락(喜怒哀樂) 가운데 어느 쪽인지, 회고인지 계획인지 후회인지 결의인지 그 어떤 것인지는 짐작하기 어렵다. 속되 보이기도 우아해 보이기도, 깊어 보이기도 얕아 보이기도, 냉정해 보이기도 부드러워 보이기도, 싸늘해 보이기도 열정을 숨기고 있는 것 같기도, 권태롭기도 몰두해 보이기도, 그 생각을 읽어낼 수 있을 것 같기도 읽어내려는 순간 달아나버리는 것 같기도…. 베키의 얼굴은 풀기 힘든 수수께끼 그 자체로 다가온다.

책과 모자 사이 장미의 꽃잎이 떨어져 바닥에 흩어졌다. 책갈피로 쓸 꽃잎이 얼마 남지 않았다. 유럽의 19세기 말은 유례없는 평화와 번영을 누린 벨 에포크였다. 영원한

꿈

비토리오 마테오 코르코스, 1896년, 캔버스에 유채,
160×135cm, 이탈리아 로마국립현대미술관

번영은 없는 법. 조락(凋落)은 소리 없이 그러나 어김없이 찾아든다. 코르코스는 번영과 조락이 모두 깃든 세기말의 얼굴을 본 것일까?

코르코스는 유대계였다. 리보르노 출신 유대계 이탈리아 미술가로 아메데오 모딜리아니가 있다. 모딜리아니가 무명으로 어렵게 살다가 35세에 세상을 떠난 것에 비해, 코르코스는 74세까지 살며 화가로서 안정된 삶을 누렸다. 이후 모딜리아니가 20세기의 대표적인 미술가 반열에 오른 것에 비해 코르코스는 이탈리아 바깥에서는 사실상 잊힌 화가가 되었다. 코르코스의 독창성이 재평가된 것은 오래전 일이 아니다.

코르코스는 1880~1886년 파리에서 활동하다가 귀국 후 피렌체에 화실을 열었다. 귀족과 상류 부르주아 여성들의 초상화 주문이 끊이지 않았다. 이탈리아의 첫 노벨문학상 수상자 조수에 카르두치를 비롯, 당대 이탈리아의 많은 문예계 인사가 코르코스의 초상화에 등장한다. 1904년에는 독일 포츠담에서 빌헬름 2세 황제와 황실 인사들의 초상을 그렸다.

그림에서 엘레나 베키 옆에 놓인 노란색 표지의 책 세

권. 코르코스가 파리 시절 입수한 책이라는 점에는 이견이 없지만 어떤 책인지는 확실하지 않다. 사실 이 세 권은 1910년 작품 〈바닷가의 독서〉에도 똑같이 나온다. 이 세 권을 적어도 25년 이상 소장하고 있었다는 뜻. 아닌 게 아니라 〈바닷가의 독서〉에 묘사된 세 권은 〈꿈〉에서보다 많이 낡았다.

1880~1886년 파리 시절 코르코스는 당시 유럽 최고의 미술품 거래회사, 고흐가 한때 일한 구필상회와 계약하고 활동했다. 이 계약을 주선해준 이탈리아 출신 화가 주세페 데 니티스는 코르코스에게 드가, 마네, 귀스타브 카유보트 등 화가들과 에밀 졸라, 알퐁스 도데, 에드몽 드 공쿠르 등 작가들을 소개해주었다. 이로써 그는 19세기 후반 파리 문예계 주요 인물들과 짧게나마 교유할 수 있었다.

그런 코르코스가 1880~1886년 파리에서 입수하여 25년 이상 소장한 노란색 표지의 소설 세 권은 무엇일까? 샤르팡티에 출판사가 펴낸 소설. 그 가운데에서도 에밀 졸라의 '루공마카르 총서', 그중에서도 큰 인기를 모은 제7권《목로주점》, 제9권《나나》, 그리고 제13권《제르미날》을 꼽고자 한다. '루공마카르 총서'는 졸라가 루공 집안과 마카르 집안 후손들을 중심으로 제2제정기(1852~1870) 프랑스 사회를 묘사한 20권짜리 소설 총서다.

졸라는 자신의 작품을 펴내던 라크루아 출판사가 파

산하자 1872년부터 샤르팡티에 출판사에서 루공마카르 총
서를 이어나갔다. 샤르팡티에 출판사는 졸라를 비롯한 자연
주의 계열 작가들의 작품을 꾸준히 펴냈다. 이렇게 그림 속
책을 졸라의 소설로 본다면, 코르코스는 세기 전환기 이탈
리아 예술계를 향하여 프랑스 자연주의 문학의 경향을 제안
하고 있는 셈이다. 코르코스에게 졸라의 소설은 자신의 젊
은 날 파리 체류 시절의 추억, 벨 에포크(좋았던 시절) 그 자
체이기도 했을 터.

　　1838년부터 샤르팡티에 출판사는 이미 성공을 거둔
소설들을 자체 표준 판형으로 바꾸어, 당시 일반적인 책값
의 절반 이하인 3.5프랑 균일가로 판매했다. '샤르팡티에 판
형'으로도 불리는 이 판형의 크기는 18.3×11.5cm, 표지는
본문 용지보다 약간 더 두꺼운 노란색 종이를 썼다. 가격을
낮춘 샤르팡티에의 책은 학생과 교사, 도시 중간계급 사람
들에게 환영받았다. 훌륭한 동시대 소설을 부담 없는 가격
에 부담스럽지 않은 크기의 책으로 휴대하며 읽을 수 있게
된 것이다.

　　'책은 만인(萬人)의 것'이라는 말이 있다. 책이 실제로
만인의 것, 모든 사람의 것이 되기까지는 오랜 세월이 필요
했다. 만인이 문자를 해독할 수 있어야 하고, 만인이 책을

살 수 있어야 했으며, 지배 계층의 입맛에 맞는 책만 허락되는 현실을 무너뜨려야 했기 때문이다. 이 그림 속 책은 그렇게 책이 만인의 것이 되어가는 과정에서 중요한 계기 가운데 하나였다.

책과 독서에는 이단이 없다

마녀 혐의 받는 사람을 물에 빠뜨린다. 물 위로 떠올
라 살아나면 마녀가 아니다. 물에 빠져 죽으면 마녀다. 신
이 판단하신 것이다. 정절을 의심 받는 부인에게 불 속을 통
과하도록 한다. 화상을 입으면 유죄의 증거가 된다. 서로를
고소한 두 사람에게 같은 크기 초를 준다. 동시에 불을 붙인
뒤 촛불이 더 오래 켜져 있는 사람이 승소한다. 자연적·물
리적 현상에 초자연적 권위를 부여하는 셈이다. 이른바 신
판(神判), 신이 내리는 판결이다.

신판까지는 아니어도 비슷한 일을 오늘날의 우리도
일상적으로 한다. 내 경우를 들면 원고를 출력한 용지를 읽

다가 구겨서 휴지통에 농구 선수 된 기분으로 던질 때, '이게 휴지통에 들어가면 오늘 운수가 좋을 것'이라 생각하곤 한다. 만일 들어가지 않으면 운이 없다는 뜻이 되겠는데, 방법이 있다. 다름 아니라 들어갈 때까지 던지는 것. 비합리적이라고? 사람이 어디 합리적이기만 하던가? 그러면 사람이 아닐 것이다. 오늘은 두 번 만에 골 넣었다. 운 좋을 듯.

그림 속 책들은 운이 없어 보인다. 장작더미 위에서 책이 불타고 있다. 곧 불 속으로 던져질 책들이 바닥에 놓여 있다. 두 팔을 한껏 위로 올려 책을 들고 불 속으로 집어 던지려는 이의 동작이 사뭇 힘차다. 그런데 그림 윗부분 공중에 책 한 권이 떠 있다. 책 던지는 사람이 실수로 책을 저렇게 던져버린 걸까? 왜 야구 투수들도 드물게나마 그런 실수를 하지 않던가. 어처구니없을 정도로 공이 한참 위로 빠져 날아가 버리는 실수.

하지만 일부러 위로 떠워 던지지 않는다면 저렇게 공중에 붕 뜰 수는 없는 일. 어떻게 된 일일까? 저 책은 스스로 공중에 저렇게 붕 떴다. 서양 중세에 진실을 가리는 방편이 되곤 했던 '불의 재판'이다. 합리적 논증보다 초자연적인 기적이 진실을 가리는 데 앞선다는 믿음. 손가락으로 바닥을 가리키고 있는 성(聖) 도미니코의 책과 이단(異端) 교파인 알비파(派)의 책을 불에 던졌다.

　하느님의 말씀과 진리에서 어긋나지 않는 책이라면 불구덩이에서 살아나 훨훨 공중에 뜰 것이다. 그렇지 못한 책들은 활활 타버려 한 줌 재가 되어버릴 것이다. 성 도미니코의 책이 공중에 떠올랐다. 이단 교파의 책은 그대로 타버렸다. 실제로 성 도미니코의 책까지 불에 집어 던졌을 리 없다. 알비파의 책을 불태운 일을 윤색했을 것이다.

　성 도미니코는 남부 프랑스 지역을 순회하던 중 알비파(카타리파)가 득세하는 것을 보고 충격을 받았다. 교황 이노센트 3세는 도미니코를 알비파를 몰아내기 위한 설교자로 임명하였다. 그가 도미니크 수도회와 수녀원을 설립한 것도 알비파에 맞서려는 동기가 컸다. 알비파는 물질세계를 악하다고 보았으며, 하느님이 창조한 게 아니라 저등한 신이 창조한 것이라 보았다.

　그림을 그린 스페인 화가 페드로 베루게테의 삶에 관해 전해지는 자료는 많지 않다. 1445~1450년경 하급 귀족 집안에서 태어나 아마도 마드리드에서 1503년 세상을 떠났다. 1470년경 스페인 중부 카스티야에서 미술 공부를 마치고 1473년경 이탈리아의 우르비노로 가서 작품 활동을 펼쳤다. 1483년경 카스티야로 돌아와 세상을 떠날 때까지 머물

성(聖) 도미니코와 알비파(派)

페드로 베루게테, 1493~1499년경, 패널에 유채,
122×83cm, 스페인 프라도국립미술관

렀다. 이 그림은 성 도미니코를 묘사한 네 폭의 제단화(祭壇畵) 가운데 하나로, 1493~1499년 사이 아빌라의 성 도미니코 수도원을 위해 그렸다.

정권이 불온하다고 지목한 책을 대량으로 불태워버리는 일은 동서고금을 가리지 않고 행해졌다. 유명하기로는 진시황제의 철저한 사상 통제를 상징하는 분서(焚書), 1933년 5월 10일 나치 독일이 독일 각지에서 벌인 분서가 있다. 특히 베를린에서는 4만 군중이 모인 가운데 분서 횃불 행진이 펼쳐졌다. 이른바 비(非)독일적이라고 지목한 책들을 대거 광장에 모아놓고 불태웠던 것. 마르크스를 비롯한 공산주의 계열 도서와 하인리히 하이네, 에리히 케스트너, 하인리히 만, 베르톨트 브레히트 등 많은 저명 작가의 책이 불탔다.

책의 출간, 판매, 열람, 소지하는 것을 금하는 일, 즉 금서 조치를 당한 책들은 역사적으로 부지기수다. 제임스 조이스의 소설 《율리시스》는 문예지에 연재되던 중 게재를 금지 당했고 미국이나 영국이 아닌 파리에서 출간됐다. 외설적이고 부도덕한 묘사가 있다는 이유로 미국과 영국에서 상당 기간 발행이 금지되었다.

해리엇 비처 스토의 《톰 아저씨의 오두막》은 흑인 노예 일가의 비극적인 삶을 생생하게 묘사하여 큰 반향을 불러일으켰다. 출간 1년 만에 30만 부가 팔릴 정도였으나 미국 남부 지역에서는 노예해방을 부추긴다는 이유로 불온시되며 판매가 금지됐고, 읽거나 지니는 사람에게 위해를 가하는 일마저 일어났다.

프랑스 검찰은 샤를 보들레르의 시집 《악의 꽃》을 풍기문란 혐의로 기소했다. 결국 시 여섯 편을 삭제해야 했고 재고 도서는 압수당했으며 보들레르와 출판사 책임자는 벌금을 내야 했다. 초판이 이렇게 만신창이가 됐으니 보들레르는 4년 뒤 신작을 여럿 추가하고 구성과 배열을 바꾼 제2판을 냈다. 세계문학사는 '금서의 문학사'에 가깝다. 이른바 세계 명작 중 상당수가 이런저런 이유로 한때 금서였다. 존 밀턴이 《아레오파기티카》에서 말한다.

> 검열이라는 교묘한 계획이 어떻게 해서 수많은 헛되고 불가능한 시도 중의 하나로 여겨지지 않는지 설명할 길이 없습니다. 검열을 시행하려는 이는 공원 문을 닫아 까마귀를 들어오지 못하게 하려는 무모한 자와 다를 것이 별로 없습니다.•

책과 독서의 생명이 있다면 그 이름은 자유다. 만일 인간의 역사를 자유가 진보해온 역사라고 볼 수 있다면, 그것은 책을 쓰고 펴내고 유통시키며 읽을 자유가 진보해온 역사일 것이다. 우리가 나 또는 우리와 다른 타자(他者)를 이해하고 포용하며 환대해야 한다면, 나 또는 우리와 다른 생각을 담은 타서(他書)에 대해서도 그러해야 할 것이다.

● 《아레오파기티카》, 존 밀턴 지음, 박상익 옮김, 인간사랑, 2016.

서점, 그 이상의 서점

그림 제목이 제법 길다. 〈암스테르담의 페이헌담에 있는 서적상 피터르 마이어 바나르스의 상점〉. 이 서점은 19세기 암스테르담의 문화 엘리트층이 교류하는 곳이기도 했다. 서점 주인 바나르스는 서적상이자 출판인이며 인쇄인이었다. 서가에 책들이 빼곡하다. 카운터 뒤에는 신간을 알리는 배너가 길게 펼쳐져 있다. 바닥에는 주문자를 기다리는 포장된 인쇄물이 쌓여 있다. 카운터 바로 앞 바닥에는 인쇄기 부속 일부가 놓여 있다.

오른쪽 의자에 앉아 뭔가를 적고 있는 인물은 직원일까, 고객일까? 왼쪽 카운터의 직원들과 달리 외투 입고 모자 쓴 것으로 보아 상점에 상주하는 이는 아닌 듯하다. 그렇다고 고객이 서점에서 쓰는 데 몰두한다는 것도 부자연스럽다. 요즘 말로 외근 직원일 것이다. 인쇄 작업장과 서점 사이를 오가며 업무를 보거나, 중요한 고객에게 책을 배송하거나 그 밖의 일을 하고 돌아와 업무 일지를 적고 있는지도 모른다.

카운터 쪽 서가 위에 걸린 그림에는 낙타와 코끼리가 끄는 수레가 묘사돼 있다. 서양인이 말하는 오리엔탈, 동양풍이다. 낙타는 이른바 중동(中東), 코끼리는 인도와 동남아시아라 하겠다. 해상 패권을 장악했던 네덜란드의 황금시대는 18세기에 들어와 저물었으나 19세기 초 당시 네덜란드는 인도네시아를 식민지로 지배하고 있었다.

전체적으로 서점의 실내 장식이 두드러져 보인다. 마치 극장 무대 같다. 서점 바깥은 암스테르담의 전형적인 건물들이 보이는 가운데, 마차와 짐꾼과 사람들이 오가는 분주한 거리다. 마치 무대 배경 같다. 1820년에 이 그림을 그린 요하너스 옐거하위스는 화가보다는 배우로, 더 정확히는 연기를 가르치는 사람으로 더 유명했다.

그는 연기 지도를 위한 안내서를 쓰고 직접 삽화도 그렸다. 초상 화가였던 아버지 리엔 옐거하위스에게 그림을 배웠다. 연극 무대와 관련하여 실내 장식과 건축도 연구했

암스테르담의 페이헌담에 있는
서적상 피터르 마이어 바나르스의 상점

요하너스 옐거하위스, 1820년, 캔버스에 유채,
48×58cm, 네덜란드 암스테르담국립미술관

다. 그림은 주로 네덜란드 델프트, 로테르담, 암스테르담, 겐트*의 정경과 일상을 담았다.

네덜란드는 근대 이후 출판업과 서적 거래가 매우 활발하게 이뤄진 곳이다. 무엇보다도 유럽 다른 나라들에 비해 종교와 사상의 자유가 상대적으로 넓게 보장되었기 때문이다. 영국의 존 로크는 네덜란드에서 1683년부터 1689년까지 망명 생활을 했다. 데카르트는 "여기라면 누구의 방해도 받지 않고 사유에 전념할 수 있으리라"며 네덜란드에서 20년간 살았다.

이런 분위기에서, 어디까지나 상대적이긴 하지만, 출판물에 대한 검열과 통제도 느슨한 편이었다. 예컨대, 스피노자는 탄압을 피하기 위해 가상의 발행인을 내세우고 발행지도 독일 함부르크로, 저자도 익명으로 처리하긴 했지만, 《신학정치론》을 암스테르담에서 펴냈다.

네덜란드의 출판 전통은 오늘날에도 살아 있다. 예컨대 네덜란드 레이던에서 1683년 서적상과 출판사를 겸해 설립된 E.J.브릴 출판사는 오늘날 매년 1,200종 안팎의 출판물을 펴내는 세계적인 학술 출판사다. 프랑스 계몽사상가 피에르 벨의 《역사비판사전》을 펴낸 곳으로도 유명하다.

그림 속 서가의 책은 가죽 장정의 무게감 있는 값비싼 고급 수제본들이다. 뽑아서 그대로 고객에게 파는 용도가 아니라 일종의 견본이자 장식 구실을 했다. 교육받은 부유한 시민이 고객이다. 이미 18세기부터 부유하지 않은 사람이 사볼 수 있는 책과 팸플릿도 많이 만들어졌다. 물론 그런 책들은 내구성, 보존성이 떨어졌다. 도서 시장 및 구매 고객이 양분되어 있었던 것이다.

이런 서점에서 거래는 우리가 오늘날 서점을 방문하여 책을 고르고 뽑아 들어 카운터로 가져가 계산하는 방식과는 달랐다. 우선 거래 단위도 낱권보다는 한 질이다. 오가다가 우연히 아무나 들르는 곳이기보다는, 제법 오랜 기간 꾸준히 거래해온 고객을 중심으로 사실상 회원제 비슷하게 운영되었다. 옷가게에 견주면 '고급 맞춤옷 전문 부티크'라 할까. 고객들 사이에 개인적 교류가 이뤄지기도 한 것은 물론이다. 카운터 직원과 신사의 대화를 엿들어보자.

"지난 번 로마 고전 전집에서 키케로에 좀 문제가 있었소. 《수사학》의 뒤표지에 아주 작지만 흠집이 있단 말이지."

"아! 그렇군요. 어떤 흠집인지 말씀해주시면 고맙겠습니다."

"뭔가에 눌린 자국 같단 말이오. 포장을 뜯자마자 샅샅이 살펴봤으니 우리 집에서 일어난 일은 아닌 게 분명해요."

"저희도 제본을 한 뒤 꼼꼼히 여러 번 살폈고, 또 포장하기 전에도 그랬습니다만 흠집을 찾지는 못했습니다."

"그러니 참 이상하단 말이지. 아시겠지만 내가 이곳과 한두 해 거래한 게 아니지 않소? 이런 적은 처음이란 말이오. 그냥 둘까도 생각해봤지만, 사실 이곳 서점을 위해서도 그냥 넘어가지 않는 게 좋겠다 싶었지."

"옳은 말씀입니다. 일단 책을 보내주시면 살펴보고 조치하겠습니다."

"어떤 조치가 가능할까요?"

"만일 흠집이 아주 사소하다면 그 상태로 수리할 수도 있습니다만, 상태를 봐서 아예 새로 제본할 수도 있습니다."

"비용은 어떻게 될 것 같소?"

"역시 책 상태를 봐야 하겠지만, 비용은 저희가 감당하겠습니다!"

"여하튼 고맙군요. 당분간 내 서가에 빈 곳이 생길 테니 좀 허전하겠군. 그리고 셰익스피어 한 질을 선물할 곳이 있는데…. 내 거래 장부를 한 번 볼 수 있을까요?"

"물론입니다. 잠시만…."

클릭 몇 번으로 책을 찾고 주문하여 받아보는 온라인 서점이 대세지만, 온라인 서점은 삶의 기억과 개인의 역사가 깃드는 '장소로서의 서점'은 아니다. 1968년 국제출판협회(IPA)가 공표한 '도서 헌장'에 따르면 "도서는 단순히 종이와 잉크로 만들어진 상품만은 아니다. 도서는 인간 정신의 표현이며 사고의 매체이며 모든 진보와 문화발전의 바탕이다." 이를 다음과 같이 '서점 헌장'으로 바꿔 봐도 좋겠다. "서점은 단순히 상품을 파는 매장만은 아니다. 서점은 인간 정신 교류의 장이며 생각의 발전소이며 모든 진보와 문화발전의 바탕이다."

- 오늘날 벨기에 땅. 벨기에는 1830년 네덜란드에서 분리 독립했다.

고전의 나이는 18세

이탈리아 피렌체의 화가 아그놀로 브론치노가 그린 그림이다. 그림 속 인물 우골리노 마르텔리는 피렌체 유력 가문 출신으로 인문주의자이자 언어학자였다. 역법(曆法), 천문학에도 조예가 깊어 그레고리우스력(曆) 개정 보완에도 참여하고 관련 저술을 남겼다. 우골리노의 부친 루이기 디 루이기 마르텔리는 비단 무역으로 부를 쌓으며 16세기 중반 피렌체 정재계의 거물로 활약했다. 조부부터 부를 쌓기 시작, 3대째에 학자가 나온 셈이다.

현실과는 거리를 두고 현실을 관찰하며 진리를 추구하거나 내면을 성찰하는 관조하는 삶(vita contemplativa)은 여가를 전제로 한다. 여가를 뜻하는 희랍어 'schole'가 라틴어 'schola'로, 다시 영어의 'school'로 이어졌으니 학교란, 배움이란, 학문이란 본래 여가 그 자체다. 생계를 잇기 위한 노동과 경제 활동에서 자유로운 이들, '태어나자마자 은퇴한 이들'이 학문 활동을 사실상 독점했던 게 사실이다.

미술사가 찰스 맥코쿼데일은 이 작품을 '인물의 정신적 환경을 정교하게 포착해낸 초상화'로 평가했다. 그 환경이란 다비드상과 책 세 권이다. 뒤쪽에 보이는 다비드상(像)은 안토니오 로셀리노 또는 그의 형 베르나르도 로셀리노의 작품으로 추정된다. 우골리노의 조부 루이지 디 우골리노 마르텔리가 1488년부터 소유했다.

골리앗을 이긴 다윗, 즉 다비드상은 피렌체 공화국의 시민적 자유와 독립, 시민권을 상징하기도 한다. 그렇다면 그림 속 다비드상은 마르텔리 가문의 정치적 지향을 표현한 것일 수도 있다. 마르텔리 가문 후손이 1910년대에 다비드상을 매각하여 현재 미국 워싱턴국립미술관에 있다.

그림 속 책들의 표지 장정은 모두 청색이다. 미셸 파스투로의 《파랑의 역사》에 따르면, 청색은 중세 말기부터 색 가운데 가장 아름답고 고상한 색이 되었다. 그 전까지 붉은색이 차지하고 있던 위치를 밀어낸 것이다. 성모마리아의 의상 색, 문학 작품에서 기쁨, 사랑, 충성, 평화, 격려 등을 나타낼 때 쓰였다. "청색은 마음에 힘을 주는데, 그것은 청색이 모든 색 중의 황제이기 때문이다." 13세기 말 기사도의 덕목을 가르치기 위한 교육 소설로 지어진 작자 미상 〈낭시의 소네트〉의 한 구절이다.

우골리노의 옷은 검은색이다. 존 하비의 《블랙 패션의 문화사》에 따르면 유럽 지배 계층에서 검은색 옷을 유달리 선호한 첫 군주는 부르고뉴 공국(公國)의 필리프 3세(1396~1467) 공작이다. 1419년부터 시작된 그의 통치 시기에 부르고뉴 공국의 번영과 위신은 최고에 달했다. 프랑스군에 살해된 아버지의 죽음을 애도하기 위해 검은색 옷을 입기 시작한 이후 계속해서 입었다. 부친에 대한 효심, 복수한다는 경고를 두루 담은 정치적 메시지였다. 이후 신성로마제국 황제 카를 5세가 16세기 초부터 부르고뉴 궁정의 검은색 복식 스타일을 채택하면서 더욱 널리 퍼졌다.

그림에서 우골리노는 왼팔로 피에트로 벰보(1470~1547)의 책을 지탱하고 있다. 벰보는 인문학자이자 시인, 추기경으로 고전 라틴어가 아닌 토스카나어(語)를 문학 언어로 사용할 것을 주장하면서 특히 페트라르카(이탈리아의 시인이자 인문주의자, 1304~1374)를 모범으로 삼았다. 산치오 라파

우골리노 마르텔리의 초상
아그놀로 브론치노, 1537년 또는 1540년, 목판에 유채,
102×85cm, 독일 게멜데갤러리(베를린국립미술관)

엘로가 그린 그의 초상이 부다페스트미술관에 있다. 1536년 우골리노는 벰보와 만난 적 있다. 그가 당시 벰보에게《속어 (俗語)의 산문》이나《시집》등을 증정받았다면, 그림 속 책은 그 둘 가운데 하나일지 모른다.

테이블 위에 모서리 부분만 보이는 책에는 'MARO'가 적혀 있다. 고대 로마 작가 푸블리우스 베르길리우스 마로 (Publius Vergilius Maro), 곧 베르길리우스의 작품을 담은 책이 다. 펼쳐진 책은 호메로스의《일리아스》이며, 그 가운데 제9 권 '아킬레우스에게 사절단을 보내다' 부분이다. 이러한 책 세 권은 우골리노의 희랍·라틴 고전문학, 그리고 토스카나 문학에 대한 관심뿐만 아니라 그 시대 이탈리아의 전반적 문학 흐름을 반영한다.

우골리노는 어려서부터 고전학·도덕철학 교수 피에 로 베토리를 비롯한 학자들에게 희랍·라틴 고전을 배웠다. 우골리노가 호메로스와 베르길리우스로 상징되는 고전문학 을 어느 정도 마스터하자 일종의 기념으로 부친이 초상화를 주문한 게 아닐까. 옛날 조선 시대 글방에서 학동이 책 한 권을 다 뗀 뒤에 스승과 동료들에게 한턱내는 일을 책거리, 책씻이, 세책례(洗冊禮) 등으로 일컬었다. 그렇다면 이 그림 은 책씻이 그림이자 한 사람의 학자가 탄생한 것을 기념하는 그림이다.

1537년 우골리노는 파도바로 가서 1540년 그곳의 첫 문학·철학학회를 설립했다. 특히 학회에 피에트로 벰보의 저서에 관한 강의를 개설했다. 그림은 그가 파도바로 떠나기 전 1537년, 또는 1542년 피렌체로 완전히 돌아오기 전 잠깐 방문했던 1540년에 그려진 것으로 추정된다. 그렇다면 우골리노의 18세 또는 21세 때 모습이다. 이 가운데 1537년일 가능성이 좀 더 높다.

옛 형식과 콘텐츠에 바탕을 두어 새로운 것을 만들어내는 것을 법고창신(法古創新)이라 한다. 희랍·라틴 고전 문화와 문학에 바탕을 두어 새로운 문예 기풍을 일으킨 이탈리아 르네상스, 그리고 토스카나어로 창작하는 문학 운동이 그러했다. 동아시아 고전 문화·문학의 근간이 되는 중국 고전 전통에 뿌리를 두되, 조선의 현실과 삶, 사고의 세계를 새로운 문체로 담아내고자 했던 연암 박지원을 비롯한 18세기 조선의 지식인들이 또한 그러했다.

오래되어 낡은 것은 그저 오래되기만 했을 뿐인 고대(古代)다. 오래되었지만 낡기는커녕 새롭게 조명, 재해석되며 당대의 문화적 기풍에 영향을 주는 것은 클래식, 즉 고전(古典)이다. 구약성서의 다윗, 즉 다비드, 희랍의 호메로스와 로마의 베르길리우스에서 16세기 당대의 피에트로 벰보와 청년 우골리노로 이어지는 고전의 한 계보가 이 그림에 집약되어 있다. 고전은 수천 년에 걸쳐 성립되었다 할지라도 어느 시대에서나 그림 속 우골리노의 나이, 18세일 수 있다.

자화상 아닌 자화상

2만 권 넘는 책을 소장하고 있었다. 더 이상 감당할 수
없는 지경에 이르러 책을 버리기 시작하였다. 1만 5천 권 정
도가 되었을 때 비로소 집 안 어디에 어떤 책이 있는지 대략
이라도 파악할 수 있게 되었다. 책 버리기는 책에 얽힌 추억
과 경험을 지우는 일이기에 고통스럽다. 책 버리기는 그 추
억과 경험의 짐을 덜어내는 일이기에 즐겁다.

많은 사람이 독서의 효용을 말하지만 책 버리는 것,
즉 기서(棄書)도 효용이 있다. 책을 버리면서 마음을 비워낼
수 있기 때문이다.

나무의자 밑에는 버려진 책들이 가득하였다.

기형도의 시 〈대학 시절〉의 첫 부분이다. 불의의 죽음
을 맞이했던 누이를 위해 그가 쓴 시, 〈가을 무덤 - 祭亡妹
歌〉에는 이런 구절이 나온다.

맨발로도 아프지 않던 산길에는
버려진 개암, 도토리, 반쯤 씹힌 춤.

'버려진 개암'은 계절의 순환에 따른 자연스러운 변화
일 수 있겠다. '버려진 책'은 누군가가 어떤 이유에서든 버
렸기 때문에 버려진 것이다. 자연은 변화하고 인간은 버린
다. 그 버려진 책들이 가는 곳은 어디일까?

하늘은 인간적이지 않다는 것을 나는 책을 통해, 책에
서 배워 안다. 사고하는 인간 역시 인간적이지 않기는
마찬가지라는 것도. 그러고 싶어서가 아니라, 사고라
는 행위 자체가 상식과 충돌하기 때문이다. 내 손 밑
에서, 내 압축기 안에서 희귀한 책들이 죽어가지만 그
흐름을 막을 길이 없다. 나는 상냥한 도살자에 불과하
다. 책은 내게 파괴의 기쁨과 맛을 가르쳐주었다.

버려진 귀중한 것들

존 프레더릭 피토, 1904년경. 캔버스에 유채,

55.88×101.6cm, 미국 스미스칼리지미술관

　　체코 소설가 보후밀 흐라발의 《너무 시끄러운 고독》의
일부다. 소설에서 화자(話者)이자 주인공 한탸 노인은 버려
진 책을 파쇄하여 폐지로 압축하는 일을 35년 동안 해왔다.
작가 흐라발 자신도 폐지공으로 일한 적이 있다. 한탸 노인
은 "폐지 더미 속에서 선물과도 같은 멋진 책 한 권을 찾아
낼지 모른다는 희망으로 매 순간을 살아왔다." 책 버리기의
고통 속에서 새로운 책과 만나는 즐거움을 기대했던 것이다.

　　화가 존 프레더릭 피토는 1877년 펜실베이니아미술학
교에서 수업을 받기도 했지만 사실상 독학했다. 미술학교에
서 윌리엄 마이클 허네트와 친분을 쌓았다. 허네트는 트롱
프뢰유, 즉 '눈속임 그림'에 뛰어났다. 실물로 착각할 정도
로 세밀하고 철저하게 사실적으로 묘사하는 기법이다. 피토
는 그런 허네트의 기법에서 큰 영향을 받았다.
　　1880년부터 화실을 열어 필라델피아의 상인이나 기업
가들에게 그림을 팔아 생계에 보탰다. 미적 감식안이 없는
그야말로 보통 사람들이었다. 피토는 사물을 사실적으로 잘
묘사한다는 평판을 얻었다. 주요 고객은 그림을 구매하여
사무실이나 서재에 걸어놓으려는 남성들. 그는 미술학교 전
시회에 가끔 출품했지만 제대로 전시회를 열지도, 주목 받
지도 못했다. 1889년 피토는 아내와 함께 뉴저지의 아일랜

드 하이츠로 이주했다. 1907년 세상을 떠날 때까지 미술계와 거리를 두고 사실상 은둔 상태로 살았다.

그는 철저히 잊혔다. 그가 주목받기 시작한 것은 세상을 떠난 지 40여 년이 지난 1940년대 말부터다. 알프레드 프랑켄슈타인 덕분이다. 프랑켄슈타인은 비평가이자 작가, 음악가였다. 비평가가 되기 전 시카고 심포니 오케스트라에서 클라리넷 주자로 활동했다. 밀스칼리지와 캘리포니아대학(버클리)에서 예술사를 가르쳤다.

프랑켄슈타인은 여러 미술관과 개인이 허네트의 작품으로 소장한 것들 가운데 20점 정도가 사실은 피토의 작품이라는 것을 밝혀냈다. 피토의 그림에 허네트의 사인을 위조해 넣은 경우가 많았다. 프랑켄슈타인은 1949년에 허네트와 피토의 작품을 분별한 글을 발표했다. 1953년에는 허네트와 피토를 중심으로 19세기 말과 20세기 초 미국 미술의 트롱프뢰유 흐름을 검토한 저서, 《사냥을 하고: 윌리엄 허네트와 미국 정물화가들, 1870~1900》을 내놓았다. 이후 피토는 독자적인 위상을 차지하게 되었다.

허네트와 비교할 때 피토의 그림은 색조가 따뜻한 편이고 붓질은 여유로운 편이며, 미묘하게나마 애상(哀想)을 자아내는 것으로 평가받는다. 그가 묘사한 물건 대부분이 낡거나 닳은 것들이기도 하다. 사실적으로 묘사한 사물이되

'인간의 정서'가 감돌았다.

　그림 속 책들은 누군가의 귀중한 장서였지만 버려졌
다. 이렇게 버려진 책을 화폭에 담은 경우는 찾아보기 힘들
다. '권 당 10센트(10 cents EACH)'로 팔려나갈 참인 것도 같
지만, 정말로 판매를 염두에 두었다면 저렇게 책을 아무렇
게나 놓아두었을까? 진열(?) 상태만 보면 이런 말을 들을 법
하다. "10센트가 다 뭐요? 어차피 버릴 거라면 그냥 가져가
면 안 되겠소?"

　피토가 자신의 책을 가지고 의도적으로 연출한 모양
새로 보인다. 요컨대 실제로 팔려 한 것은 아니었을 듯. 그
림을 그린 1904년경은 피토가 53세 나이로 세상을 떠나기 3
년 전. 지병인 신장병이 악화되어 고통받았다. 모계 쪽 유산
상속을 놓고 법정 다툼에 휘말렸다. 예술가로서도 생활인으
로서도 세속적인 성공이나 안정과는 거리가 먼 삶이 마지막
을 향하고 있었다.

　어느 날 서재를 찬찬히 둘러보던 피토는 되는대로 책
을 꺼내어 탁자에 올려놓기 시작했다. 책을 버리기로 한 것
이다. 은둔 생활에서 위안이 되어주고 심심파적이 되어주던
소설도, 여행기도, 화집도 이젠 부질없다. 캔버스를 세우고
붓을 잡는다. 그림을 누군가에게 팔려는 생각도 없다. 한 권

한 권 그려 나갈 때마다 책과 함께한 기억이 떠오른다. 그 기억은, 곧 저 책들은 바로 피토 자신이다. 그림을 완성하고 붓을 놓은 뒤 생각에 잠긴 피토. 다시 붓을 든다. 마지막으로 붓질을 한다. '10 cents EACH.'

● 《너무 시끄러운 고독》, 보후밀 흐라발 지음, 이창실 옮김, 문학동네, 2016.

"나는 스스로 배워야 했습니다"

어머니가 말씀해주셨어. 내가 뱃속에 있던 어느 날 밤, 두건 쓴 큐 클럭스 클랜(KKK) 패거리가 말을 타고 우리 집에 왔다고. 집을 포위하고 총을 휘두르며 아버지에게 당장 나오라 고함을 질렀다지. 어머니는 문을 여셨어. 당신이 임신 중이라는 걸 그자들이 똑똑히 볼 수 있는 위치에 섰지.

어머니는 혼자 꼬마 셋을 데리고 집에 있으며, 남편은 설교하러 밀워키에 갔다고 말했어. 클랜 단원들은 이렇게 협박했어. "네 남편은 아프리카로 돌아가자는 주장을 오마하의 선량한 흑인들 사이에 퍼뜨려 말

썽을 일으켰어. 그 꼴을 선량한 백인 기독교도들은 더이상 두고 볼 수 없어! 당장 마을에서 떠나는 게 좋을 거다."

맬컴 엑스, 본래 이름대로 하면 맬컴 리틀은 뱃속에서부터 폭력적이고 잔인한 인종차별 현실을 겪었다. 중학교 2학년(미국의 8학년) 때까지 성적이 우수했던 맬컴은 변호사가 되고 싶어 했다. 이 희망을 들은 백인 교사가 그에게 말했다.

삶에서 제일 필요한 건 현실적인 자세다. 내 말을 오해하진 마라. 사람들이 널 좋아한다는 건 너도 알 거야. 하지만 넌 깜둥이라는 사실을 알아야 해. 넌 물건 만드는 재주가 좋지. 모두들 목수 솜씨를 높이 쳐줘. 왜 목수 일을 해보겠다는 계획을 세우지 않니? 일거리는 얼마든지 있을 거야.

8학년을 마치는 날 맬컴은 학교를 자퇴하고 이복누이가 사는 보스턴으로 향했다. 그곳에서 나이트클럽 구두닦이, 접시닦이, 열차 물건 판매원 등을 전전했다. 17세 때 뉴욕의 할렘으로 갔다. 밀매, 도박, 사기, 공갈, 강도, 성매매 뚜쟁이 일을 했다. 1945년 말 보스턴의 백인 주택을 털다가 체포됐다. 징역 8년형을 선고받았다. 매사추세츠 교도소에서 맬컴은 삶의 방향을 송두리째 바꾸었다.

　소등 뒤에도 복도의 희미한 불빛 아래 닥치는 대로 책을 읽어댔다. 영어 공부도 제대로 하고 라틴어 통신 강좌까지 수강했다. 1948년, 형 필버트가 이슬람국가운동을 소개하는 편지를 보내왔다. 맬컴은 이슬람국가운동 지도자 엘리야 무하마드와 편지를 주고받았다. 1952년 가석방된 맬컴은 엘리야와 만난 뒤 성을 리틀에서 엑스(X)로 바꿨다.

　무슬림으로 새롭게 태어난 맬컴 엑스는 이슬람국가운동 조직원으로 활동하며 엘리야와 함께 큰 영향력을 발휘했다. 이슬람국가운동 조직원은 맬컴이 처음 몸담을 때 500명 정도였으나 10년 뒤 2만 5천 명으로 늘어났다. 맬컴은 백인 우월주의자들의 공적(公敵) 1호가 됐다. 늘 살해 위협에 시달렸다. 소총을 들고 스스로를 지켜야 했다.

　1965년 2월 21일 오후 3시 10분 뉴욕 맨해튼의 오두본 볼룸. 맬컴 엑스가 연설을 시작할 무렵, 샷건 총탄이 맬컴의 가슴을 향해 발사됐다. 맬컴의 한 손이 가슴 위로 내려졌다. 곧바로 다른 두 남자가 연단 쪽을 향하며 권총을 발사했다. 맬컴의 다른 한 손이 위로 치켜올려졌다. 흥건하게 흐르는 피. 총탄 16발이 맬컴을 뒤로 쓰러뜨렸다.

도서관

제이콥 로렌스, 1960년, 섬유판에 템페라,
60.9×75.8cm, 미국 스미소니언미술관

맬컴 엑스는 작가 알렉스 헤일리와 1963년부터 자서
전 구술 작업을 했다. 자서전은 다음과 같은 제목으로 출간
됐다.《The Autobiography of Malcolm X》. 맬컴이 헤일리를
태우고 직접 운전하며 이동하다가 숌버그 흑인문화자료센
터 옆을 지날 때였다. 맬컴은 갑자기 차를 세운 뒤 내렸다.
센터 입구 근처에서 주사위 놀이를 하는 흑인 청년 세 사람
곁으로 다가갔다. 청년들에게 외치듯 속사포처럼 말했다.

저 문 뒤에는 흑인에 관한 세상의 온갖 책이 다 있어!
자네들이 이 짓거리나 하고 있을 때 다른 사람들은 저
안에서 우리 흑인에 관해 공부한단 말이야! 내가 얼마
나 학창 시절로 돌아가고 싶은지 아나? 6학년 정도로
만 돌아갈 수 있다면, 정말 그럴 수만 있다면 이 도서
관에서 밤새우며 공부할 수 있을 텐데 말이지. 응? 이
녀석들아!

화가 제이콥 로렌스는 13세 때부터 뉴욕 할렘에서 살
았다. 고등학교를 중퇴하고 인쇄소에서 일하는 틈틈이 미술
을 배웠다. 할렘 흑인들의 삶을 주로 그렸다. 미국 흑인 역
사 인물이나 사건을 담은 작품으로 유명해졌다. 31점으로
이뤄진 '해리엇 터브먼 연작'이 대표적이다. 해리엇 터브먼

은 흑인해방운동가로 활동한 노예 출신 여성이다. 2020년부터 미국 20달러 지폐에 들어갈 인물로 정해졌다.

로렌스는 '공부하는 화가'였다. 작품 구상을 위해 역사책과 소설책을 폭넓게 읽었다. "학창 시절을 돌이켜보면, 흑인 문화는 정식으로 배우는 주제가 아니었죠. 진지하게 다뤄지지도 않았어요. 나는 스스로 배워야 했습니다. 도서관과 박물관을 학교 삼아서 말이죠."

1960년에 그려진 이 그림 속 도서관은 뉴욕 135번가에 있는 도서관, 몇 년 뒤 맬컴 엑스가 청년들에게 외치게 될 바로 그 숌버그 흑인문화자료센터다. 뉴욕공공도서관에 속한 연구도서관 가운데 하나다. 1905년 문을 열 당시 자료는 1만 건. 이는 미국 흑인 문학, 역사, 그림, 사진 자료 등을 모은 미국 최초의 주요 컬렉션이기도 했다. 오늘날 미국 흑인 문화에 관한 세계 최대 규모 자료를 갖추고 있다.

도서관에서 사람들이 책에 몰두해 있다. 이 가운데 빨간 옷을 걸치고 서서 아프리카 예술품이 실린 책을 내려다보고 있는 젊은 청년은 로렌스 자신을 표현한 것이다. 자신의 전통, 뿌리에 침잠하는 모습. 청년이 펼친 페이지에는 피카소가 깊이 영향받은 아프리카 전통 목상(木像) 또는 가면이 있다. 피카소의 〈아비뇽의 처녀들〉에 그 영향이 잘 나타나 있다.

그림 속 청년, 아니 사실상 로렌스는 어떤 책을 보고 있을까? 1960년에 나온 《Africa: The Art of the Negro Peoples》일 수 있다. 저자 엘시 로이징거(1910~2010)는 스위스의 미술사학자로 아시아, 아프리카, 아메리카 등의 예술품을 주로 전시하는 취리히의 리트베르크박물관 관장을 지냈다. 스위스의 첫 여성 박물관 관장이기도 했다.

《African Sculpture Speaks》도 후보다. 저자 라디슬라스 세기(1904~1988)는 헝가리 출신으로 미국에서 활동한 미술품 수집가이자 갤러리를 운영한 미술상이며 직접 작품도 그린 화가였다. 그는 아프리카 예술에 조예가 깊었다.

그림 속 책이 어떤 책이든 그것은 한 인간이 자신의 정체성을 스스로 탐색하는 통로가 되고 있다. 타인을 아는 것과 자기 자신을 아는 것 가운데 어느 쪽이 더 어려울까? 쉽게 답하기 힘들다. 독서는 세상과 타인을 좀 더 깊이 넓게 이해하도록 도와주지만, 그것의 가장 깊은 차원은 자기 자신을 이해하는 것이다. 맬컴 엑스가 그러했고 제이콥 로렌스가 그러했듯이, 독서는 곧 자기 성찰이다.

난쟁이가 펼쳐 읽은 큰 책

"강연자가 모자 쓰고 강연하는 건 결례입니다. 저는 지금 그 결례를 범하고 있지요. 그런데 제가 모자를 벗으면 그 역시 결례가 될 수도 있습니다. 그래도 모자를 벗는 결례를 더 너그러이 이해해주시리라 믿고 모자를 벗겠습니다. 강연 무대가 더 환해질 수 있죠."

이렇게 말하고 모자를 벗는다. 순간 청중이 박수를 쳐준다. 나는 심한 원형탈모 증세 탓에 머리카락을 완전히 밀어버리고 난 뒤부터 강연을 할 때면 이렇게 시작하곤 한다. 박수의 의미는 무엇일까? 삭발한 민머리를 드러내는 용기(?)에 대한 격려일까? 여하튼 박수 받고 강연을 시작하는 기분은 나쁘지 않다.

삭발 이후 가을과 겨울에는 비니, 봄과 여름에는 야구 모자를 쓰고 다닌다. 실용적인 이유는 머리에 나는 땀이 그대로 흘러내리는 걸 막고 머리를 보온하기 위해서다. 심리적 이유는, 솔직하게 말해 민머리를 드러내기가 꺼려진다. 민머리 외모가 창피할 것까지는 없다 하더라도 살짝 부끄러운 건 어쩔 수 없다. 삭발은 곧 외모 소수자가 된다는 뜻이라는 걸 실감하곤 한다.

'사람은 빵만으로 사는 것이 아니다'라는 말이 오히려 빵, 그러니까 먹을 것이 사람살이에서 얼마나 중요한 것인지 말해준다. '직업에는 귀천이 없다'라는 말은 대다수 사람이 직업에 대해 귀하거나 천하다는 생각을 한다는 걸 말해준다. 그렇다면 외모는? 겉모습만으로 사람을 판단하지 말라고도, 외모로 사람 차별하지 말라고도 하지만 현실이 어디 그렇던가? 예컨대 '마음이 고와야 여자지, 얼굴만 예쁘다고 여자냐'라는 노랫말은 오히려 '얼굴'을 우리가 얼마나 중요하게 여기는지 보여준다. 여자는 얼굴도 예쁘고 마음도 고와야 한다는 사회적 요구, 다분히 남성 중심적이고 성 차별적인 요구를 반영한다.

아버지의 몸은 작았지만 아버지의 고통은 컸었다. 아

광대 돈 디에고 데 아세도 '엘 프리모'
디에고 벨라스케스, 1644년경, 캔버스에 유채,
107×82cm, 스페인 프라도국립미술관

버지의 키는 117센티미터, 몸무게는 32킬로그램이었
다. 은강 생활 초기에 나는 아버지의 꿈을 자주 꾸었
다. 아버지의 키는 50센티미터밖에 안 되어 보였다.
작은 아버지가 아주 큰 수저를 끌어가고 있었다. 푸른
녹이 낀 놋수저를 아버지는 끌고 갔다.•

　　조세희의 《난장이가 쏘아올린 작은 공》에서 영수가
난쟁이 아버지 김불이를 말하는 대목이다. 신체의 겉모습
이 대다수 사람과 다른 사람에 대한 편견과 배제는 뿌리 깊
다. 기형(畸形)이라는 말로 일컫기도 한다. 기형의 뜻은 '생
김새 따위가 정상과는 다른 모양'이다. 정상과 비정상을 가
르는 기준은 무엇일까? 소수니까 비정상이고 다수니까 정상
인가? 정상과 비정상이라는 관념, 그런 구분 자체에 이른바
'비정상'에 대한 배제와 차별이 들어 있다.

　　직업적인 익살꾼이 궁정에서 완전히 사라진 것은 아
니었다. 유럽 열강은 여전히 광대들을 궁정에 두고 있
었다. 얼룩덜룩한 옷을 입고 모자를 쓰고 방울을 단
채 익살꾼들은 왕의 식탁에서 떨어지는 빵 부스러기
를 보고도 즉시 날카로운 익살을 발휘해야 했다.••

에드거 앨런 포의 단편 〈절름발이 개구리〉의 일부다. 궁정에서 왕과 신하들에게 멸시당하고 조롱받는 '절름발이 개구리'라는 별명의 난쟁이 광대가 펼치는 복수극. 펠리페 4세 시대 스페인 궁정에도 난쟁이들이 있었다. 당시 궁정 화가로 활동하던 디에고 벨라스케스는 그들에 주목하여 화폭에 담아냈다. 난쟁이 광대를 묘사한 화가는 벨라스케스 말고도 있었지만, 벨라스케스만큼 자주 그림의 중심 주제로 삼거나 중요하게 묘사한 경우는 드물다.

벨라스케스는 귀족 신분으로 상승하고자 하는 열망을 품고 있었다. 철저한 신분 사회에서 결코 쉽지 않은 일이었다. 많은 화가가 사회적 신분과 지위를 높이기 위해 애썼지만 여의치 않았다. 벨라스케스는 왕에게 헌신함으로써 자신의 열망을 달성하려 했다. 귀족들은 그런 벨라스케스를 방해했지만 마침내 1658년 그는 산티아고 귀족 기사단의 일원으로 임명됐다.

그런 벨라스케스가 궁정의 난쟁이 광대 돈 디에고 데 아세도의 처지에 공감했을지 모른다. 궁정 화가라는 지위는 물론 광대보다야 높았지만 주변인이라는 공통점이 있다. 익살이라는 기예를 제공하는 난쟁이 광대, 그림 그리기라는 기예를 왕에게 바치는 화가라는 광대.

아세도는 익살 부리며 왕을 즐겁게 해주는 광대 구실

도 했지만 궁정 내 행정 업무를 수행하기도 하였다. 그러자면 읽고 쓸 줄 알아야 했을 것이다. 책과 펜이 그것을 말해준다. 체구가 작은 난쟁이여서 주변의 책들이 실제 크기보다 커 보이긴 하지만, 아세도의 자태와 얼굴 표정은 근엄한 학자와 다를 바 없다.

바닥에 놓인 책 가운데 한 권을 펠리페 2세의 궁정 화가로 활동한 비센테 카르두초의 저서 《회화에 관한 대화》(1633)로 볼 수 없을까? 스승과 제자가 대화하는 양식으로 쓰인 책으로, 전체 제목은 《회화에 관한 대화: 그 옹호, 기원, 본질, 정의, 양식, 그리고 차이들》이다.

카르두초는 화가의 지위 확보에 관심이 많았다. 회화에 관한 책을 저술한 것도 부분적으로는 그러한 관심의 결과일 수 있다. 그는 뜻을 이루진 못했지만 1620년대에 왕립 미술학교를 세우려 노력하기도 했다. 벨라스케스는 카르두초와 다르게 어디까지나 개인적 헌신을 통해 신분 상승을 꾀했지만, 카르두초의 노력에 존경심을 품었음 직하다.

벨라스케스는 '난쟁이가 펼쳐 읽은 큰 책'을 그렸다. 그가 이 그림에 대한 짧은 후기를 남긴다면 이러하지 않을까. '돈 디에고 데 아세도는 몸은 작았지만 지성은 컸다.

아세도의 키는 117센티미터, 몸무게는 32킬로그램이었다. 궁정 생활 초기에 나는 아세도를 자주 보았다. 작은 아세도가 아주 큰 책을 펼치고 있었다.' 벨라스케스는 비정상 인간, 기형의 인간을 그리지 않았다. 자신의 능력으로 당당하게 살아가는 한 인간을 그렸을 뿐이다.

● 《난장이가 쏘아올린 작은 공》, 조세희 지음, 이성과힘, 2000.
●● 《우울과 몽상》, 에드거 앨런 포 지음, 홍성영 옮김, 하늘연못, 2002.

읽기와 쓰기, 자유와 해방의 조건

1863년 1월 1일부터 미합중국에 대하여 반란 상태에
있는 주 또는 어떤 주의 특정 지역에서 노예로 예속되
어 있는 모든 이들은 영원히 자유의 몸이 될 것이다.
육해군 당국을 포함한 미국 행정부는 그들의 자유를
인정하고 지킬 것이며, 그들이 진정한 자유를 얻고자
노력하는 데 어떠한 제한도 가하지 않을 것이다.

미국의 제16대 대통령 에이브러햄 링컨은 남북전쟁이
한창이던 1863년 1월 1일자로, 위와 같이 시작되는 노예해
방선언(Emancipation Proclamation)을 공표했다. 그날 오후 2시

백악관 집무실에서 서명하면서 링컨은 이렇게 말했다.

내 평생 이 선언서에 서명하는 것보다 더 옳은 일을 한 적은 없습니다. 이 일로 내 이름과 영혼이 역사에 길이 새겨질 텐데, 서명할 때 손이 떨리면 앞으로 이 서류를 본 사람들이 내가 주저했다고 생각할지도 모르겠지요.

아프리카계 미국인, 한 흑인이 성서를 읽는다. 그림 제목으로 보건대 시편 23장인 듯하다. 의자에 푸른 재킷이 걸려 있다. 남북전쟁 당시 북군의 군복이다. 그림은 많은 흑인 노예들의 자유를 찾아준 노예해방선언 얼마 뒤에 그려졌다. 해방 노예들 가운데 북군에 입대한 이들이 적지 않았다.

주님은 나의 목자, 나는 아쉬울 것 없어라. 푸른 풀밭에 나를 쉬게 하시고 잔잔한 물가로 나를 이끄시어 내 영혼에 생기를 돋우어주시고 바른길로 나를 끌어주시니 당신의 이름 때문이어라. 제가 비록 어둠의 골짜기를 간다 하여도 재앙을 두려워하지 않으리니 당신께서 저와 함께 계시기 때문입니다. 당신의 막대와 지팡이가 저에게 위안을 줍니다.(시편 23장 1~4)

    그림을 좀 더 자세히 보면 펼쳐진 부분은 책의 앞부분
에 가깝다. 시편은 구약성서에서 중반에 가깝다. 그렇다면
인물이 읽고 있는 부분은 출애굽기, 곧 탈출기일 수 있다.
이집트에서 노예로 살던 히브리인들이 모세의 인도로 탈출
하여 자유와 새로운 땅을 찾아가는 이야기. 아마도 다음 부
분을 읽는 중일지 모르겠다.

    나는 주님이다. 나는 이집트의 강제 노동에서 너희를
    빼내고, 그 종살이에서 너희를 구해내겠다. 팔을 뻗어
    큰 심판을 내려서 너희를 구원하겠다. 그러고 나서 나
    는 너희를 내 백성으로 삼고, 너희 하느님이 되어주겠
    다. 그러면 너희는 내가 주님임을, 이집트의 강제 노
    동에서 너희를 빼낸 너희 하느님임을 알게 될 것이
    다. 그런 다음 나는 아브라함과 이삭과 야곱에게 주기
    로 손을 들어 맹세한 땅으로 너희를 데리고 가서, 그
    땅을 너희 차지로 주겠다. 나는 주님이다.(탈출기 6장
    6~8)

    그림을 그린 조너선 이스트먼 존슨, 곧 이스트먼 존슨
은 뉴욕 메트로폴리탄미술관 공동 설립자로도 유명하다. 미
술관 입구에 그의 이름이 새겨져 있다. 당대 미국인의 일상

주님은 나의 목자
조너선 이스트먼 존슨, 1863년경, 목판에 유채,
42.3×33.2cm, 미국 스미소니언미술관

을 담은 그림을 주로 그렸다. 보통 사람들 외에 에이브러햄 링컨, 너대니얼 호손, 랠프 왈도 에머슨, 헨리 워즈워스 롱펠로 등 저명한 미국인들의 초상도 그렸다. 1850년대 네덜란드 헤이그에서 미술을 공부하기도 한 그는 17세기 네덜란드 거장들의 영향을 받아 당대에 '미국의 렘브란트'라는 별명을 얻었다.

　존슨은 흑인 노예들을 묘사한 그림을 여럿 그렸다. 그 가운데 노예해방선언 한 해 전에 그린 〈자유를 향한 질주, 탈출 노예들〉은 동트는 새벽녘 노예 일가족이 말을 타고 탈출하는 장면을 묘사했다. 말을 타고 달리는 노예들은 자기 운명을 자기 스스로 열어가는 자유의 주체다. 그들이 향하는 쪽에 어렴풋이 총검의 빛이 보인다. 북군 진영을 가리킨다. 이스트먼 존슨은 이 그림이 1862년 8월 28~30일 벌어진 매나사스 전투 기간 동안 자신이 실제로 목격한 일에 바탕을 두었다고 말했다.

　어쩌면 글을 읽고 쓸 수 있는 사람만 투표하고 나머지에게는 투표권을 인정하지 않는 협의가 이루어질 수도 있습니다. 때문에 유색인 모두가 읽고 쓰는 법을 당장 배울 것을 촉구합니다. 현재로서는 투표할 수 있는 권리가 읽고 쓰는 법을 아느냐 모르느냐로 판가름될 가능성이 높기 때문입니다. 시간이 넉넉하지 않으니 지금 바로 읽고 쓰는 법을 배우기 시작해야 합니다.•

1865년 7월 16일자로 노예제도 폐지론자이자 사회개혁가 웬들 필립스가 쓴 글 〈자유민들에게: 읽고 쓰는 법을 배우는 것에 관하여〉의 일부다. 노예해방선언 이후 읽고 쓸 줄 알아야 한다는 흑인 스스로의 자각과 노력이 빠르게 확산되어갔다. 이 그림에서도 읽기는 자유와 해방을 위한 중요한 조건이자 능력으로 제시된다고 볼 수 있다.

인류 역사의 대부분 기간에 읽고 쓰는 능력은 지배계층이 독점했다. 대다수 사람은 문맹이었다. 지배계층이니까 읽고 쓸 줄 알았고, 읽고 쓸 줄 알았기 때문에 지배할 수 있었다. 그것은 지식 정보를 독점한다는 뜻이었고 자기 생각과 주장을 독점적으로 발표, 전파할 수 있다는 뜻이었다. 민주주의에서 민주(民主)의 주(主)란 읽기와 쓰기의 주체이기도 하다. 그렇다면 읽지 않고 쓰지 않는, 말하지 않는 이는 주체, 주인의 자격과 멀어진다는 뜻이다.

우리는 내 생각을 나의 말과 글로 나타낼 수 있는 자유가 보장된 세상을 살고 있다. 하지만 그 자유를 실제로 행사하지 않는다면, 나도 모르게 남의 말과 글에 지배당해 결국 생각과 행동을 지배당하기 십상이다. 감히 말하기를, 쓰기를 주저하지 말 일이다.

- 《하얀 폭력 검은 저항》, 수전 캠벨 바톨레티 지음, 김충선 옮김, 돌베개, 2016.

1부 · 독서의 위안

293호 열차 C칸
에드워드 호퍼, 1938년, 캔버스에 오일,
50.8×45.72cm, Private Collection
Compartment C, Car 293, 1938, Private Collection.
Artwork ⓒ 2019 Heirs of Josephine Hopper / Licensed by Artists
Rights Society (ARS), NY.
Image ⓒ Bridgeman Images – GNC media, Seoul, 2019

—

사서(司書)
주세페 아르침볼도, 1566년경, 캔버스에 유채,
97×71cm, 스웨덴 스코클로스테르 성
The Librarian, 1566 ⓒ Skokloster Castle, Sweden / Bridgeman
Images – GNC media, Seoul, 2019

—

포로가 된 독자
르네 마그리트, 1928년, 캔버스에 유채,
92×73cm, 아랍에미리트 루브르아부다비
ⓒ René Magritte / ADAGP, Paris – SACK, Seoul, 2019

카를로스 데 비아나 왕자
호세 모레노 카르보네로, 1881년, 캔버스에 유채,
310×242cm, 스페인 프라도국립미술관
Prince Carlos of Viana, 1881 ⓒ Photo Scala, Florence – GNC
media, Seoul, 2019

—

책 읽는 두 미인
스즈키 하루노부, 1767~1768년경, 채색 목판화,
28.3×21.4cm, 미국 보스턴미술관

호메로스 읽기
로렌스 알마 타데마, 1885년, 캔버스에 유채,
183×91cm, 미국 필라델피아미술관
A Reading from Homer, 1885 ⓒ Philadelphia Museum of Art,
Pennsylvania, PA, USA / The George W. Elkins Collection /
Bridgeman Images – GNC media, Seoul, 2019
—

독서하는 여인
윤덕희, 18세기, 비단에 색,
20×14.3cm, 대한민국 서울대학교박물관
—

책벌레
카를 슈피츠베크, 1850년, 캔버스에 유채,
49.5×26.8cm, 독일 게오르크샤퍼박물관
—

뉴턴을 생각하는 폐랑 부인
모리스 켕탱 드 라 투르, 1752년경, 종이에 파스텔,
73×60cm, 독일 알테피나코테크미술관

2부 · 그녀만의 방

자화상
소포니스바 앙귀솔라, 1554년, 목판에 유채,
19.5×12.5cm, 오스트리아 빈미술사박물관
Self-portrait, 1554 ⓒ Photo Fine Art Images / Heritage Images /
Scala, Florence – GNC media, Seoul, 2019
—

탁자에서 글 쓰는 여인
토머스 폴록 안슈츠, 1905년경, 캔버스에 유채,
40.6×51.4cm, 개인 소장

샤틀레 후작 부인 초상
마리안 루아르, 1748년경, 캔버스에 유채,
118×96cm, 프랑스 보자르미술관

크리스틴 드 피장의 《숙녀들의 도시》 삽화
작자 미상, 15세기,
프랑스 국립도서관·영국 대영도서관 등
The Book of the City of Ladies (La Cite des dames) ⓒ British
Library Board. All Rights Reserved / Bridgeman Images – GNC
media, Seoul, 2019
—

하녀
윌리엄 맥그리거 팩스턴, 1910년, 캔버스에 유채,
76.5×64cm, 미국 워싱턴국립미술관

전등 옆에서 책 읽기
조지 클라우센, 1909년, 캔버스에 유채,
73.2×58.4cm, 영국 리즈박물관 및 갤러리
Reading by Lamplight (Twilight: Interior), 1909 ⓒ Leeds
Museums and Galleries (Leeds Art Gallery) U.K. / Bridgeman
Images – GNC media, Seoul, 2019

코란을 음송(吟誦)하는 소녀
오스만 함디 베이, 1880년, 소재 불명
Girl Reciting Qu'ran (Kuran Okuyan Kız), 1880 ⓒ Historic
Images / Alamy Stock Photo

3부 • 삶과 사랑 그리고 예술

독서하는 레오폴딘
오귀스트 드 샤티용, 1835년, 캔버스에 유채,
73×60cm, 프랑스 빅토르위고박물관

창작의 고통
레오니드 파스테르나크, 1892년, 소재 불명
The Passion of Creation (Throes of Creation), 1892 © Photo Fine
Art Images / Heritage Images / Scala, Florence – GNC media,
Seoul, 2019
—

보들레르의 초상
귀스타브 쿠르베, 1847년경, 캔버스에 유채,
53×61cm, 프랑스 파브르미술관
—

빨간 모자를 쓴 여인
윌리엄 스트랭, 1918년, 캔버스에 유채,
102.9×77.5cm, 스코틀랜드 캘빈그로브미술관
—

석고상, 장미꽃, 소설 두 권이 있는 정물
빈센트 반 고흐, 1887년, 캔버스에 유채,
55×46.5cm, 네덜란드 크뢸러뮐러미술관
—

예, 아니오?
찰스 웨스트 코프, 1872년, 패널에 유채,
76.8×63.8cm, 영국 워커아트갤러리
—

리튼 스트래치
도라 캐링턴, 1916년, 패널에 유채,
50.8×60.9cm, 영국 국립초상화미술관

4부 • 자유의 주체자들

카사노바 초상
안톤 라파엘 멩스, 1760년, 소재 불명

마담 드 퐁파두르 초상
프랑수아 부셰, 1756년, 캔버스에 유채,
212×164cm, 독일 알테피나코테크미술관

—

파문당한 스피노자
사무엘 히르첸베르크, 1907년, 소재 불명

—

육조파경도
양해(梁楷), 13세기 초, 종이에 수묵,
69.6×30.3cm, 일본 미쓰이기념미술관

—

독서하는 친구
이종우, 1926년, 캔버스에 유채,
62.6×51.3cm, 대한민국 이화여자대학교박물관

—

프세볼로트 미하일로비치 가르신
일리야 레핀, 1884년, 캔버스에 유채,
88.9×69.2cm, 미국 메트로폴리탄미술관

—

부채를 든 자화상
고희동, 1915, 캔버스에 유채,
61×46cm, 대한민국 국립현대미술관 소장작품

5부 • 책, 삶이 되다

꿈
비토리오 마테오 코르코스, 1896년, 캔버스에 유채,
160×135cm, 이탈리아 로마국립현대미술관

성(聖) 도미니코와 알비파(派)
페드로 베루게테, 1493~1499년경, 패널에 유채,
122×83cm, 스페인 프라도국립미술관

암스테르담의 페이헌담에 있는 서적상 피터르 마이어 바나르스의 상점
요하너스 옐거하위스, 1820년, 캔버스에 유채,
48×58cm, 네덜란드 암스테르담국립미술관
—

우골리노 마르텔리의 초상
아그놀로 브론치노, 1537년 또는 1540년, 목판에 유채,
102×85cm, 독일 게멜데갤러리(베를린국립미술관)
—

버려진 귀중한 것들
존 프레더릭 피토, 1904년경, 캔버스에 유채,
55.88×101.6cm, 미국 스미스칼리지미술관
—

도서관
제이콥 로렌스, 1960년, 섬유판에 템페라,
60.9×75.8cm, 미국 스미소니언미술관
Jacob Lawrence, The Library, 1960 ⓒ Smithsonian American Art
Museum, Gift of S.C. Johnson & Son, Inc. ⓒ Jacob Lawrence /
ARS, New York – SACK, Seoul, 2019
—

광대 돈 디에고 데 아세도 '엘 프리모'
디에고 벨라스케스, 1644년경, 캔버스에 유채,
107×82cm, 스페인 프라도국립미술관
—

주님은 나의 목자
조너선 이스트먼 존슨, 1863년경, 목판에 유채,
42.3×33.2cm, 미국 스미소니언미술관
Eastman Johnson, The Lord Is My Shepherd, 1863 ⓒ Smithsonian
American Art Museum, Gift of Mrs. Francis P. Garvan